シスターたち

その歴史と今と未来に向かって

林 義子

女子パウロ会

もくじ

シスターたち ―― その歴史と今と未来に向かって

はじめに —— 8

第Ⅰ部……修道生活について —— 11

1章 どうしてシスターになったのですか？ —— 12
◉神さまからの呼びかけ —— 12
◉わたしは何を大切にして生きたいのか —— 14
◉他の人のために働きたいという思い —— 17

2章 修道生活はどこで、いつごろから始まったのですか？ —— 21
◉イエスのように生きたいという仲間の集まり —— 22
◉まず隠遁観想修道会の誕生から —— 25
◉女性の観想修道会の誕生 —— 28
◉女性の活動修道会の誕生とその発展 —— 31
◉日本の女子修道会の誕生とその展開 —— 39

3章 修道会にはだれでも入れますか？ 47
◉カトリックの洗礼を受けていること 47
◉自分の決断の責任を取れること 50

4章 シスターとして呼ばれていることはどうしてわかるのですか？ 54
◉いつ、どのように呼ばれるのですか？ 54
◉一人の自由な女性として、識別し、決断する 58
◉シスターへと突き動かされたきっかけの具体例 60
◉多くの修道会からどの修道会を選んだらいいのですか？ 65

5章 シスターになるまでにどのような養成を受けるのですか？ 68
◉神さまの呼びかけを確信するために 70
◉神さまとの親しさは「祈り」から 74

◉選んだ修道会の歴史を知り、先輩たちの生き方を学ぶ —— 76
◉修道会は教会共同体のなかの一つという視点で —— 78
◉志願期から始まる修道生活の養成の各段階 —— 81

6章　誓願って何ですか？ —— 85
◉誓願の意味とその歴史 —— 85
◉シスターにとっての誓願とは？ —— 88
◉貞潔（独身性）・清貧・従順の三誓願について —— 90

7章　共同体生活について —— 104
◉修道生活での共同体生活とは？ —— 104
◉使徒的女子修道会の共同体生活について —— 111
◉第二バチカン公会議から現在までの共同体生活 —— 113

8章　シスターたちはどのような働きをしていますか？ —— 122

●シスターにとっての使徒職の変遷 122
●現在とこれからのシスターたちの働きについて 126
●「自己中」から「かかわり」へ 132

9章 世界と連帯して生きるシスター 136
●修道会はもともと世界と連帯していた! 137
●宣教地に生きるシスターの日記から 141

第II部……日本の女子修道会・在俗会の紹介 149

五十音順による100の会の紹介 150
シスターたちの連帯による働き 355
日本の女子修道会・在俗会のインデックス 365

はじめに

あなたは、どこかで、「シスター」と呼ばれている人と出会ったり、耳にしたり、目にしたことがありますか？　街で、あるいは電車のなかで、ベールをかぶって、質素な身なりをしたシスターを見かけたことがあるかもしれません。学校で、病院、障がい者施設などで、ふつうの服を着ているけど、襟元や胸に十字架のバッチをつけて働いているシスターの姿を見かけたことがあるかもしれません。

一度でも出会って、直接話したことがあったら、シスターって何なのだろうか？　いったい何をしているのだろうか？　どうしてシスターになったのかしら？　どのような生活をしているのかなどなどと、質問や疑問が出てくるでしょう。

このように少しでも「シスター」に関心をもったり好奇心を

抱いている人に、シスターについて知ってほしいと思います。子どもの学校でシスターに出会ったお父さんや聖書研究に興味をもって教会に来はじめた若者などから、しばしばこのような質問が出されます。それらのかたがたに、できる範囲で応えたいと思い、この本を作ることになりました。

また、今、真剣にシスターのことを知りたいと考えている人もいるかもしれません。そのようなかたがたにとって参考になればと願って、シスターについて、その全体像を簡単に描いてみました。

現在、日本にはおおよそ六千人のシスターがいます。大都市だけでなく、日本の町や村に住んで、活動しているシスターもいます。さらに、アフリカ、アジアなど世界中のどこかで、その国の人々のなかに入って働き、生きている日本人のシスターたちもいます。日本にいるシスターたちは、一億二千万の人口のなかの六千人ですから、ほんのわずかな人数ですが、それぞれの場で精いっぱい生きて、活躍しています。

なお、神さまと人々のために徹底してイエスに従い、奉献生活をする修道者には異なる生活様式がありますが、この本は使徒的修道生活をしているシスターたちのことを中心にのべたいと思います。

今回この本をとおして、なぜシスターになったのか？　から始めて、修道生活の歴史、入会のプロセスと段階、養成、誓願、共同生活、社会・教会のなかでの働き、世界の国々で働いているシスターについて触れていきたいと思います。そのなかで、シスターたちが何に向かって生きているのか、どのような生活をしているのか、世界、社会とどのように繋がっているのかを読みとっていただけたら幸いです。

第Ⅰ部……修道生活について

1章　どうしてシスターになったのですか？

◉神さまからの呼びかけ

たまたま、一人のシスターと出会い、話し合っているうちに、「どうして、シスターになったのですか」という質問が自然に出てくるでしょう。それに即座に出てくる答えはさまざまだと思います。「そうね、学校で出会ったシスターを見たときからかしら。そのころはわたしもずいぶん生意気だったから、シスターから注意されるたびに、反発を感じたり、批判的になっていたけど、卒業して、社会に出てから、将来のことを考えていた時に、急に思い出したのはシスターの姿だったのよ」、という会話が交わされるかもしれません。

また、「小さい時から教会でシスターたちを見ていました。そのシスターたちを見ても、また、友人から修道会に入ることを打ち明けられても、わたしは絶対シスターだけにはならない、と決めていたのです。大人になって、結婚のことを考えたり、わたしの将来のことを心配していた両親から将来のことを訊《き》かれたりしているあいだに、いつのまにかシスターになろうかなという気持ちが出てきたのよ」、という人もいます。

シスターになりたい、シスターになってみようかなという思い、またはシスターだけにはなりたくない、という思いが強かった人もいるでしょう。いずれにしても、自分の将来を考え始めた時に、「シスターとしての選択肢」が心のなかに起きてきたら、この選択についての心配や疑問、葛藤《かっとう》と真剣に取り組み、友人たちからの意見を聴いてみることも大切です。迷ったり、反発してみたりしながら、心のなかで消えない思いとして続いたら、シスターと出会ってみるとか、修道院を訪問してみるなどなどの具体的な行動を取る必要もあるでしょう。

このような思いが一人ひとりの心のなかで起き、悩み、考えながら出てくるのは、「わたしはどうしてシスターになることを考えているのかしら」という自分への質問です。そこで大切なのは、自分のなかで空回りするだけでなく、あなたが信頼している友人や両親の意見や考えを聴くことも大切です。しかし、その根底に、あなたに直接語りかけている神かイエスがいるはずです。本当に神さまから声が聴こえてくるのだろうか？　そんなことはありっこない！　と思われるかもしれません。しかし、わたしを越えたところで呼びかけられているのを感じることは事実です。

神からの呼びかけを感じることは、慌ただしい日常生活や友人たちのおしゃべりのなかからではありえません。そのためには、時間を取って「祈る」ことが必要でしょう。そのような若者たちのために、一定の修道会がいろいろと企画している「黙想会」もありますので、それに参加してみることもお勧めします。

◉わたしは何を大切にして生きたいのか

人生のなかで、わたしたちはだれであっても、自分は何のために生きているのかとか、人間とは何か、自分とは何か、人は何のために生きるのか、死とはなにか、などなど、自分のいのちの根幹にかかわる問いを抱いています。このような問いをもっとも強く問われるのは青年期です。ドイツの詩人たちは「青年期は疾風怒濤《どとう》の時代」と言っています。ひどく強い風に吹きまわされたり、恐ろしい波にもてあそばれたりしながら、この難しい問いにぶつかるのです。

その嵐を乗り越えるために答えを探しながら、いのちの意味を考えたり、いのちの不思議さや不条理な出来事の意味を考えたりします。そこで自分自身のいのちがどこから来ているのか、どこに向かっていくのかなどを問い、考えていくうちに、そのいのちを保たせている存在、自分を越えた神の存在について考え、神の存在を意識し、その神さまとの出会いに繋がっていくのではないでしょうか？

しかし、現在の日本社会を見ると、若い人たちがゆっくりとこのような話題で話し合い、自分でそのための時間を取る環境やゆとりがないように思います。早い時期から就活が始まり、その勢いに押されて、競争に乗り遅れないように東奔西走して、自分の将来をじっくり考える暇もないまま、納得のいかないまま自分の将来を決めなければならないことが多いかもしれません。自分が本当に願っているのは何かを考える間もなく、社会のなかに巻き込まれてしまう、これが今の日本の現状ではないかと思うのです。日本社会の物質的な豊かさはわたしたちの生活から、じっくりと考えたり、探したりして、自分にとってふさわしいものを見つけて、そのために努力するプロセスを取ることを許さないような気がします。この傾向は子どもたちや若者たちにとっては、何事であっても、目の前にあるものの中から取り、じっくりと納得のいくものを選び、それを大切に自分のものとして育てていくような環境になりにくい社会になっているのではないでしょうか。

自分にとって譲れないほど大切なものは何かとか、人生のなかで何を大切にして生きていきたいか、そのために、何を大切にしたいかを真剣に問うことをしないまま、社会人の仲間入りをしなければならない現実があるのではないでしょうか？

ある日、高速バスのなかで一人の青年と出会い、話し合ったことがあります。彼はこれからの人生をどのように生きていくかを真剣に探していました。会話のなかで彼が言った言葉を忘れることができません。「今の僕たちは将来何をしたらよいのか、自分は何をしたいのかがわからないのです」という言葉でした。将来に向かって、よりはっきりとした目標をもって、自分らしく生きること、それがわからない、と言っている彼の言葉を聴きながら、あらゆる面で整っている社会、目に見える範囲では何不自由ない豊かな社会のなかで、自分の場を見つけることがどのくらい難しいことかを実感できました。

この若者はその時、大震災の被害地に向かうためにバスに乗っていたのですが、このようなきっかけは彼の将来のために大切な機会だったと思います。今の日本社会のなかでも何らかのきっかけがあってはじめて、自分の将来を考える機会を与えられるのでしょう。

シスターになることを考えた人も、他の若者たちと同じように、それまで自分にとって何が一番大切なことかとか、生きるために何をしたらよいのかなどについて真剣に考えるチャンスがなかったかもしれません。しかし、ある時、いったいわたしは何をしたいのかとふと自分に問うたり、いままで自分の将来について考えたこともなかったし、なんとかなるだろうと軽く考えていたことに気が付くかもしれません。その気付きが大切です。それによって、初めて自分の方向性について真面目《まじめ》に考えるきっかけになるのです。

◉他の人のために働きたいという思い

最初ははっきりとしない闇のなかを迷うこともあるでしょう。その場合、多くの日本の若者が自分の肯定的な面を見ないで、否定的な面にこだわっている人が多いようです。競争社会でもあった学校や大学での影響もありますし、何十回という就職面接で断られた体験も、その人の本当の良さを打ち消してしまうでしょう。このような否定的な体験は、自分の本当の姿を見て、それを素直に受け入れることの妨げになり、邪魔になります。これらの偏った自己理解から抜け出して、本当の自分を発見するまで、そのための時間を費やさなければならないでしょう。家族や友人など他の人たち、場合によっては一時的に専門家の助けを借りることも大切です。

しかし、最終的には、自分のいのちの創造主である神の前で本当の自分の姿を理解し、確認し、自分自身をはっきりと受け入れることができる体験をすること、そこから自分の過去も現在も、そして将来も見えてくるのではないでしょうか。

そのような作業をとおして初めて、「他の人のために働きたい」という思いが起こってくる若者は多いと思います。そこに見えてくる思いをさらに深めていくことによって、将来に向かって、新しい旅の第一歩が踏み出されるのではないでしょうか。

他者のために働きたい、他者のために役立ちたい。このような思いのなかにあるのは、「いのち」を大切にしたい思いや、「いのち」の価値がすべてのものに優先するという思いがこめられていると思います。すべての人のいのちの創造主である神について、深く思い、考える機会でもあります。すべての生きるものの主である神を知り、その神さまが何よりも大切にしている「いのち」を何にもまして大切にしたいという願いが出てくるでしょう。自分として他の人のために、社会のために何を提供できるか？　いろいろある分野のなかで、自分に合ったものを見いだすことができるでしょうが、その一つとして、シスターになることが一つの願い、気になるあり方として出てくるでしょう。

心のどこかで、シスターとして生きることを考え始めたら、だれかにその思いを話してみることも大切だと思います。一人で考えたり、悩んだりするだけでなく、他のだれかに聴いてみること、何か積極的に行動を取ることをお勧めします。カトリックの教会を尋ねてみて、司祭に修道生活について尋ねてみることもできます。また、一つの修道会に行って、シスターに直接聴いてみることも大切です。クリスチャンの友人と話し合うこともできるでしょう。これらの出会いをとおして、イエスについて知り、その生き方やイエスが聖書で語っていることを聴くこと。イエスは、すべての人が愛し合って生きることができるように、おん父である神さまに従って、ご自分のいのちをすべてささげました。そのことを知って、心のなかで、自分もそのイエスに従って生きたいという思いが少しでも出てくることがシスターになることへの道の初めになります。

いずれにしても、それが本当に神さまからの呼びかけかどうかは、生活のなかで、時間をかけて見ていくことが大切です。「どうしてシスターになったのですか?」の問いに、「神さまからの呼びかけがあったからです」という答えが出てくるまでは時間がかかります。しかし、自分の願いを心のなかで意識し始めてから、祈りのなかで、また、生活のなかで起きる出来事のなかで、神さまとのやりとりやイエスとのかかわりをとおして、だんだんと「シスターになること」の意味が深まってきているのを感じることができるでしょう。その時まで、必ず指導者または同伴者といっしょに見ていくことが必要です。

2章　修道生活はどこで、いつごろから始まったのですか？

日本に現在百ほどの女子の修道会と在俗会があります。世界全体でいくつになるかわかりません。ある時、カトリック教会全体の総責任者である教皇が、「いったいあなたの管轄下にある女子修道会はいくつあるのですか」と質問されて、「花園にある花の数ほどでしょうか」と答えられたそうです。一つひとつの修道会は、それぞれ創立当時から独特な使命、精神をもって働いてきましたが、どの修道会にも共通しているのは、その歴史の初期から時代を追って築きあげられてきた「修道生活」の在り方に従って生き、現在でも世界中でその生き方が引き継がれています。

修道会は男・女ともにそれぞれ異なった形の修道会があります。古くは、旧約時代までさかのぼってその存在を見ることができる男子の隠遁《いんとん》または観想修道会、次に四世紀ごろから始まった女子の観想修道会、そして十二世紀ごろから始まった使徒的女子修道会、さらに二十世紀に始まった在俗会があります。「修道生活」は歴史のなかでこのような変化をたどって今日まで存在し続けていますが、イエスに従って生きる生き方としては常に一致しています。

◉イエスのように生きたいという仲間の集まり

すべての修道会の会員が生きている生き方を「修道生活」と呼びますが、どの修道会に属していても、そこで期待していることは、「イエスに従って生き、働きたい」という望みだということができるでしょう。どこの国でも、どのような働きをしていても、世界中の修道者が、この同じ望みをもって修道生活をしてきましたし、今もしています。その誕生と経緯をたどってみましょう。

イエスはいつも人々のなかで生き、出会い、いろいろな人とかかわっていました。そして、わたしたちが一番大切にしなければならないことは生きること、愛し合うことであることを人々に教え、伝え、自ら具体的な行動をとおして表現していました。

この出来事を直接体験した使徒たちと弟子たちは、イエスが復活してこの世を去ったあと、自分たちもイエスに従って生きたいという望みをもって、共同体を作り始めました。最初はイエスの死と復活という不思議な出来事に驚いたり、恐れてもいた彼らでしたが、自分たちがイエスに直接出会ったこと、イエスがすべての人のために十字架にかかり、死に、そして復活して、弟子たちに現れたこと、あの出来事を体験して、「イエスはわたしたちとともにいてくださる」ことを確信しました。そして、同じ体験をした仲間とともに生きたいという望みが湧《わ》いてきたのです。

イエスが復活したあと、このように自然に生まれてきた原始共同体の経緯は、今のわたしたちにとっても理解できると思いますし、今現在、修道生活と呼ばれる生き方をしている修道会の存在も理解できるのではないでしょうか。イエスの生き方を生きようと、仲間と互いに励まし合って、ともに生活を始めたその姿を新約聖書は次のように描いています。

彼らは、使徒の教え、相互の交わり、パンを裂くこと、祈ることに熱心であった。すべての人に恐れが生じた。使徒たちによって多くの不思議な業《わざ》としるしが行われていたのである。信者たちは皆一つになって、すべての物を共有にし、財産や持ち物を売り、おのおのの必要に応じて、皆がそれを分け合った。そして、毎日ひたすら心を一つにして神殿に参り、家ごとに集まってパンを裂き、喜びと真心をもって一緒に食事をし、神を賛美していたので、民衆全体から好意を寄せられた。こうして、主は救われる人々を日々仲間に加え一つにされたのである。

（使徒言行録2・42－47）

さらに、新約聖書を見ると、イエスは宣教活動の初めに、弟子たちに、「わたしに従いなさい」と呼びかけています。漁師であった弟子たちはすぐに自分の網を捨てて、イエスに従いました。ある時、使徒の一人であったペトロが、イエスに「このとおり、わたしたちは何もかも捨てて、あなたに従ってまいりました」と言ったことに対して、イエスは、「福音のために、家、兄弟、姉妹、母、父、子ども、畑を捨てるように」と応えておられます。ここにイエスの呼びかけの厳しさと徹底ぶりがうかがえますし、使徒たちの即座の応えも、のちの修道生活で求められる全面的に自己を神と他者に与える態度に通じているように思います。初代教会のなかから生まれたキリスト者が、イエスの生き方に従って生きたい望みをもって共同体を作って生きた生き方を、そのあとに続くキリスト者たちが自然発生的に引き継ぎ、それが「修道生活」、「修道会」の存在へと導かれてきたのです。

◉まず隠遁《いんとん》観想修道会の誕生から

徹底して神とのかかわりを体験し、祈るために、世俗を離れて生きる隠修士たちの生活はイエス以前の旧約時代にもすでに見ることができます。しかし、修道生活としては隠遁観想修道会があり、始まったのは四世紀ごろだと言われています。神とともに生き、神を知ることを目標に祈り、働く。そのためには、修道院の敷地を大きくとったり、孤独のなかで祈るために隠遁所に籠《こも》る。このように生きることによって、世俗の生活から離れて、沈黙を守り、静寂のなかで、神を知り、神と直接かかわる。

ふつうわたしたちは家族のなかで、職場や学校で、電車のなかで、または町を歩きながら、神さまのことを考えたり、祈ったりすることはできません。周囲のことが気になり、やらなければならないことで頭も心もいっぱいになり、心配したり、悩んだりして、自分自身のことさえも忘れてしまう。これが多くの人の日常生活です。生活のなかで、祈ることは大切だと思いながら、時間がない、場所がないなどの状況で、神さまと向き合うこともままならないのではないでしょうか。しかし、そのような状態が続くと、わたしたちはどこかで、一番大切な自分のこと、そして神さまのことも忘れて、心のなかで不安感や空虚感に囚《とら》われることになるのではないでしょうか？

サンテクジュベリの『「星の王子さま』のなかの有名な「肝心なことは目に見えないのだよ」という言葉を思い出します。あの本を書いたサンテクジュベリは、自分が操縦していたプロペラ機が故障して、砂漠に不時着した時の体験を一冊の本にしました。彼の言葉は多くの人にとって、大切にしたい言葉の一つになっています。

彼が砂漠に不時着した時の周りの情景を思い浮かべてみてください。一面茶色の砂だけの砂漠、だれもいない、動く動物もいない、水もない、緑もない砂漠の真ったた中で、あるものはわたしだけ。そして、わたしのいのちを動かしている神。「大切なものは目に見えないのだよ」。彼は大切なものを見いだしたのです。神さまとの出会いだったかもしれないし、すべてのものが失われても、生きて、動いているわたしの「いのち」だったかもしれません。

イエスは三十歳になって初めて宣教活動を開始しましたが、その前に砂漠で「悪魔から誘惑を受けるため、〝霊〟に導かれて荒れ野に行かれた」（マタイ4・1）。そこで三つの誘惑（石をパンに変える、神殿から飛び降りて神を試す、世のすべての国を自分のものにするという誘惑）を受け、悪魔と闘いましたが、悪魔から差し出されたすべてを捨てました。

砂漠での孤独は、人間としての限界、自分の弱さ、無力感、究極の貧しさの体験でもありますが、同時にそれを乗り越えた時に目に見えてくるのは、目に見えるものからの真の自由ではなかったでしょうか。

砂漠の体験は、当時の宗教者にとっては、神とのかかわりをもつための貴重な場であったと思います。イエスが「およそ女より生まれた人で洗礼者ヨハネより偉大な者は現れなかった」と言われた洗礼者ヨハネ。彼はいつも「らくだの毛衣を着、腰に革の帯を締め、イナゴと野密を食べ物としていた」（マタイ3・4）と描かれています。まったく砂漠の仙人のような生き方をしながら、メシアの誕生を人々に告げて歩いていたのです。

これらの描写をみても、神とかかわり、神について語る人々の生き方、生活の在り様は、質素で、貧しく、そしてどことなく真の自由さと明るさを他者に感じさせるものです。このような砂漠の隠者たちのなかから、観想修道会の生活が生まれました。また、イエスの生き方を徹底して生きることによって、神を知り、神とかかわりながら、祈りと労働をとおして生きるその生き方から、初期の観想修道院が生まれ、現在でも世界各地に同じ生き方をしている修道会が存続しているのです。そこから「修道生活」の根本的な内容とその遵守について明文化されたものが出されたのです。

◉女性の観想修道会の誕生

ここでは女子の修道会とその生活について触れたいと思います。先に、女子修道会としては異なった生活様式があると言いましたが、修道生活として、まず最初に生まれたのは観想修道会です。イエスに従って生きた初代教会の信者たちの生活が、次々に熱心な人々に伝えられていったと思いますが、四世紀ごろからイエスに生涯をささげたい女性たちが、グループを作り、一人の責任者のもとで生活をともにしながら、祈り、分かち合うようになっていきました。彼女たちは必要に応じて、外に出て、村の人々のために働き、夕方またみんなが集まっているところに戻って、そこでいっしょに祈る生活だったのです。この段階では、熱心な信者たちの集まりであり、グループの一つとして存在していたのですが、そこに一人の責任者がいることは興味深いことです。共同体としての形の前兆ともいえるかもしれません。

八世紀になると、すでに観想的な生活をしていたいくつかの修道院を教会は正式に「観想修道会」として認めました。これらの観想修道会は時代を経るにしたがってより観想的になり、世俗から隠遁し、常に修道院の囲いのなかで、祈りと労働、そして共同体として生活するという形が作られていきました。

現在でも世界のあちこちに女性の観想修道会が存在しています。そこではシスターたちは規則正しい時間割に従って、祈り、労働の生活を送っていますが、そのなかで中心になるのは祈りです。個人的な黙想のためにも一定の時間を取りますが、同時に、毎日、朝・昼・夜をとおして、全員が聖堂に集まり、共唱する祈りは生活の中心になっています。

その祈りの内容は、カトリック教会が全世界の教会、修道院などで毎日唱えている「教会の祈り」です。この祈りは旧約聖書と新約聖書のなかから取られていますが、大きな部分は「詩編」百五十編を唱えるようになっています。旧約の預言者やダビデのような王さまが、自分の過ちを悔い、神に許しを願っている詩、神の慈しみと愛に感謝し、賛美と礼拝をささげている詩の数々です。

カトリック教会はこの祈りを長い間続けてきましたし、現在でも司祭や修道者は毎日この「教会の祈り」を手にもって唱えています。観想修道会での共唱による祈りは、シスター一人ひとりの思い、願い、感謝などとともに直接神さまに届いていくに違いないと、聴く人々に信じさせる響きがあります。

このような観想修道会の生活は、世俗から離れた生活として理解されることもありますが、そうは言い切れません。観想修道会のシスターたちの祈りは、わたしたちの慌ただしい生活にない広さ、深さをもった祈りになっています。世界のあちこちで起きている紛争や戦争のために、どれほど多くの子どもたちや、一般市民が犠牲になっていることでしょうか。そのために世界に向けて、神さまに嘆きと懇願をこめて、一日も早く戦争が終わり、そこにいる子どもたちや人々に平和がくるようにと、必死に祈っているのが観想修道会のシスターたちです。誠実に毎日この祈りを続けているシスターたちが、今この地上にいることを思うと、小さくても消えることのない光が、苦しんでいる人々、泣いている子どもたちに注がれているように感じます。

◉女性の活動修道会の誕生とその発展

四世紀ごろ、一人の責任者のもとで、信仰熱心な女性たちが集まり、共同体を作っていたことについてすでに触れましたが、そのころ、カトリック教会が認めていた女子修道会は観想修道会だけでした。観想修道会のシスターは修道院にとどまって祈り働き、一定の年数のあとに、「荘厳誓願」を立てることによって、正式に修道者として認められます。このような女子の観想修道会を教会が公に認めたのは八世紀でした。

そのころ、ヨーロッパの国々、とくにフランスでは、病者や貧しい人々の世話をするために、すでに組織された社会事業があったようです。しかし、それとはまったく異なる一人の女性が、自分の神秘的な体験をとおして、ほかの女性に呼びかけ、それに応えて集まってきて、共同体が形成されました。

また、地方の主任司祭の指導によって、自発的にキリストの使徒として病人や貧しい人々のために働くことを選び、自分を奉献したいという女性によってできた共同体もあります。彼女たちのキリストに従った生き方をしたいという思いと実践が、しだいに修道生活の形を取るようになったのです。今まであった観想修道会とは異なる新しい使徒的活動修道会が誕生したのです。

一一六二年に南フランスのロデスという教区にあった宿泊所に、最初の使徒的女子修道会としての記録が残されています。シスターたちはそこに小共同体を作り、スペインですでに有名な巡礼地になっていたサンティアゴ・デ・コンポステーラへの旅路の途中にある宿泊所で、巡礼者の怪我《けが》や病気の治療などの世話をしていました。このような宿泊所はほかにもいくつもあったようです。そのなかで、今でも歴史的建造物として保存されているところもあります。中に入ると、最初に目に入るのは、怪我をした人たちのための薬草の棚です。当時どれほど多くの薬草が治療薬として使われていたかがうかがえるような大きな棚に薬草が入った瓶がずらりと壁に添って並んでいます。また、建物の一角に、簡素ではあっても、静かに祈れる小さな聖堂があり、シスターたちだけでなく、旅人も祈ることができたでしょう。

このような共同体はその後十三世紀から十五世紀くらいまで、次々と増えていったのです。そのころのシスターたちの生活についての記録の一部をみてみましょう。

ヨーロッパにおいて、世俗を捨て、病気の患者の家や貧しい人の世話のために病院で生活している男性または女性の共同体が、今いくつあるか、正確な数を知ることはできません。彼らは謙遜に、そして熱心にこれらの病人や貧しい人々に仕えているのです。自分の物をいっさい持たないで、聖アウグスティヌスの規則に従って生活しています。一人の院長への従順のもとにすべてを共有しているのです。また、いったん修道服を着ると、神に終生の貞潔を誓います。質素で、自分自身に厳しく生きながら、キリストの業を使命としているこの生き方は、貧しい人や病気の人に対しては溢《あふ》れるほどの優しさと慈愛となり、人々が必要とすることでこれらの修道者ができることがあれば、直ちに、心をこめて行うのです。

（C・ウルティック著『シスター――使徒的修道生活は今――』42P、以下、『シスター』に）

それまではこのような修道会はフランスを中心として他のヨーロッパの国々に限られていましたが、十六世紀の新大陸発見によって、キリスト教の宣教師たちがカナダ、アメリカなどに派遣されて、働くようになりました。そのなかにシスターたちもいました。その一人はカナダの先住民族の人たちのなかに入り、彼らの言葉を習得して、キリスト教入門の本や辞書まで現地の言語で作ったそうです。

彼女たちはまったく言葉も違い、生活の仕方も異なる地に来て、その地の人々に福音を伝えるために、どれほどの努力と忍耐が必要だったことでしょう。そこで彼女たちが徹底して適応していった力は、愛という言葉に置き換えられるのではないでしょうか。また、福音を伝える使命の果たし方が、その地の文化、伝統を前提にしていることは、それまでの宣教の在り方をひっくり返すほどの大きな変化だったといえるのではないでしょうか。

十七世紀に入って、シスターたちにはいろいろなところからの呼びかけがあり、その範囲はあらゆる社会事業や教育全体に及んでいました。病人の世話、若い女性たちの指導と教育、要理教授、囚人たちの訪問、社会的な問題を抱えた女性や子どもの受け入れ、レースの作業所などなど。

一七八九年フランスで起きた革命のために、ほとんどの修道会は解散を命じられ、国外に逃れた会もありましたが、革命後しばらくして、多くがまた戻って、活動を再開したのです。それらのうちの一つの修道会は、ヨーロッパから始めて、アメリカ、カナダに同じ名前で創立されましたが、その数は五大陸・四十カ国以上に及んだのです。一万人以上の会員が教育を中心に働いていました。現在でもこの修道会は時代による変化はありますが、修道会としての生活と、使命としての教育事業を続けています。

このようにして、十六、十七世紀、さらに十九世紀にかけて、フランスを中心にして、ヨーロッパやアメリカ、カナダなどに著しい数の使徒的活動修道会が生まれました。その数は一年間で百にも及ぶ新しい修道会が創立されたそうです。

それらの新しい使徒的修道会は、とくに小教区の司祭たちによって霊的にも、財政的にも常に支えられていたようですし、周囲の信徒たちからも援助の手がのべられていたと思います。しかし、困難な時には一人のシスターがその責任を負っていた例もあります。それは各修道会の創立者たちです。ここにそのような状態を想像できる例がありますので、挙げてみます。

一八三九年のある冬の夜、ジャンヌ・ジュウガンはサン・マロの近くにある小さな家に、一人の目が見えない、身体がほとんど麻痺《まひ》状態の年取った女性を受け入れた。ジャンヌは五十歳近い人で、もとお手伝いさんをしていた女性だったが、この一つの行為がのちに豊かな歴史をつくる発端になる。まもなく他の老人たちが現れ、彼女はその人たちのために別の家に移らなければならなかった。このようにして生まれてきた「貧しい人々のための小さき姉妹会」は、たちまち大きくなり、フランスだけでなく外国でも働き、社会からの大きな期待に応えるために、独創的な解決方法を見つけて、発展していった。……

一八四五年十二月のアカデミー・フランセーズ（フランスの国立学士院）は会員がそろっている前で、代表者が彼女に勲章を与え、彼女の徳と行為を称えて、つぎのような演説をした。

「もし自分は何ももたなくても、多くの物を与えることができる人がいるとしたら、それはジャンヌ・ジュウガンでしょう。ここにいる皆さまにとっては、ジャンヌが家を一軒一軒手に入れるために、どのように賄っているのだろうかと訝《いぶか》っていることでしょう。わたしは皆さまに言いたい。み摂理は偉大です。ジャンヌは疲れを知らない。ジャンヌは雄弁、ジャンヌはそのために祈っている。ジャンヌは彼らのために涙する。ジャンヌは働く。ジャンヌはその腕に絶えず籠《かご》をかけ、いつもそれを一杯にしてもって帰ってくるのです。この聖なる娘！　アカデミーは彼女の籠に、彼女が使えるように三千フランの賞金を入れます。」　（『シスター』P71－P72）

それぞれの創立者が体験した神との特有な交わりと霊性、それによって、一つの特色ある修道会が創立され、その創立の主旨に心が動かされ、生きたいと願う女性たちが集まってくる。このような経過を経て、次々と使徒的女子修道会が生まれてきたのです。それぞれの修道会の創立者は、一人の若い女性であったり、すでに結婚して子どももいた女性もいました。また、創立された場所の教区の司祭が中心になって、使徒的女子修道会を創立した例もあります。古くから存在していた男子の修道会が、女子の修道会の創立を手伝い、同じ創立者の精神で生き、活動しているところもあります。

使徒的女子修道会のシスターたちは、自分の修道会が使命とするところで働き、あらゆる分野の人々のために、心を尽くし、魂を尽くして祈り、自分を最後までその人々のためにささげて生きたということが言えると思います。その当時の社会や国々に限界なく出かけて行き、そこに生きる人々とともに生き、働く姿は、イエスが望んだように「全世界に行って福音を宣《の》べ伝えなさい」との言葉のこの地上での実現と言えるでしょう。

◉日本の女子修道会の誕生とその展開

使徒的女子修道会は二十世紀になるまで、教会のなかでは公式な存在ではなかったにもかかわらす、シスターたちは会から派遣されて、世界に広く広がり、アジア、アフリカなどの非キリスト教国でも、その地でさまざまな人々のなかでともに生き、働いていました。そのなかで日本の使徒的女子修道会は日本の歴史の流れのなかで、独自の形で創立されました。どのように生まれたかについて、簡単に触れたいと思います。

日本のカトリック教会の歴史は、フランシスコ・ザビエルの日本上陸から始まって四百年間、殉教の歴史を通過して、強烈な歴史を経たうえでつくられてきました。日本の使徒的女子修道会はその歴史の延長線上に現れてきています。故結城了悟神父（イエズス会会員）の著書『キリスト教会の歴史別巻　日本の教会』の53項に「女子修道会の来日と日本人修道会の始まり」について記されています。

その内容をまとめると次のようになります。

それまで激しい迫害で、長崎の信徒たちは、山奥や、小さな島々に散って隠れて生活しなければならなかったのです。司祭がまったくいないなかで、信徒たちの祈りと力で堅く信仰を守って住んでいたのです。その間酷い迫害は禁教令の高札が下ろされた(一八七三年)あとまで続いていたのです。

一八六五年、長い禁教令によってひっそりと長崎に住んでいた農民数人の信者がある日、長崎の大浦天主堂を訪れました。そのなかの一人の女性が、そこにいたプチジャン神父に「サンタ・マリアのご像はどこ?」と尋ねました。神父に案内されて、聖マリアの像を見た彼らは「本当にサンタ・マリアさまだ! おん子ゼススさまを抱いている」と叫びました。この瞬間に、二百五十年間迫害のために途絶えていた日本の教会は世界のカトリック教会全体と繋がり、迫害を経て初めて結び合わされた歴史的瞬間だったのです。とくにこの瞬間を待ちに待っていたプチジャン神父にとってはどれほどの喜びだったでしょうか。

その後、プチジャン神父は司教となり、彼の招きにより、女子修道会のシスターたちが日本に初めて到着し、修道院を設立して、宣教活動が開始されたのです。一八七二年幼きイエス会のシスターたちの横浜到着と二年後の最初の双葉学園の創設。続いて一八七四年にショファイユの幼きイエズス修道会のシスターたちの長崎到着。一八七八年シャルトル聖パウロ修道女会の来日と白百合学園の開校など。明治政府がすでに始まっていたこのころも、有名な「浦上四番崩れ」といわれる迫害が、山口の津和野を始め、日本のいくつかの地方でまだ行われていたのです。

一八七三年、それまで迫害を受け続けて、岡山の牢から生きて長崎に戻った岩永マキが、長崎の外海でド・ロ神父の指導を受けながら、現在のお告げのマリア修道会の前身となる共同体を作り、長崎一帯にある多くの教会を手伝いました。ド・ロ神父の活動の範囲は驚くほどに具体的で広範囲にわたっています。いままでも続いているド・ロさまそうめんの製作から始まって、助産師さんの養成や編み物教授、魚の網の製作や修理、さらに漁港の敷設、そして現存している三つの教会建設までに及んでいます。

世界に国を開いた日本は、すさまじい勢いでヨーロッパからの文化や教育を受け入れようとしました。パリ外国宣教会の司祭たちによる使徒的女子修道会の招聘《しょうへい》や指導による働きのほかに、そのころの明治政府は、ヨーロッパやアメリカから多数の外国人教師たちを招聘しています。そのなかで、当時の文部大臣は男性のためにイエズス会、そして女性のために聖心会を将来の日本の教育のために招聘したといわれています。

浦上四番崩れによる迫害がまだ続いている一方で、このように使徒的女子修道会を受け入れたことによって、修道生活から湧き出てくるシスターたちの働きが、力と希望を日本の若者たちに伝えることができたでしょう。イエスの生き方を実現するために自分自身をささげて、人々のために働いた宣教女のシスターたちを、新しい日本が受け入れ、そのシスターたちが福音を告げる愛と熱誠は、広く多くの人たちに希望の光をもたらすことができたと思いますし、それは今でも大きく輝き続けているのです。

このように、日本の使徒的女子修道会は観想修道会も含めて、明治以後、教育、社会福祉に直接かかわりながら、修道会の数も増え、日本人の入会者も多くなり、シスターたちの数も多数になりました。外国の宣教女たちによって始まった国際的女子修道会も多かったのですが、日本で創立された修道会も増え、その活動は国内だけでなくアフリカ、アジアをはじめ多くの国々で幅広く展開され、日本の教会として大きな貢献をしていると言えるでしょう。

教会全体の歴史にとって、一九六二年～一九六五年に行われた第二バチカン公会議による教会の変革とその意義はどれほど強調してもし過ぎることはないと言えるほど大きな、そして大切な出来事でした。この変化は修道生活についても要求されました。とくに使徒的女子修道会に対しては、すべての修道会が創立以来一人ひとりのシスターとして生き、働き、それぞれ会員として守り、大切にしていかなければならない指針の中心である「会憲」を、「源泉に立ち返って書き換えるように」とローマ教皇庁より求められました。

そのためにシスター全員がその作業に参加することになり、それが実行されたのです。なぜかというと、長い歴史のなかで、修道生活の在り方がしだいに「修道院化」し、修道院内部の生活に細かい規律や時間割が課せられ、服装の統一、食事の作法、家族や外部の人々とのかかわりの制限、禁欲的な慣習などなどがいろいろと取り入れられていました。本来シスターとして、また修道会として目指したイエスの生き方や活動が、自分の修道会の創立のカリスマ（神から与えられた特有な使命）からも遠のいてしまって、画一化されてしまっているのではないかと、教会の内部からも外部からも判断され、源泉に戻って各修道会の指針を見直し、会憲を現在にあった条文にするようにと求められたのです。このために各修道会で行った作業には莫大な時間とエネルギーが注がれました。

第二バチカン公会議は、カトリック教会全体が新しい世界、新しい時代に適応（アジョルナメント）し、イエスの福音に則《のっと》って生きるために、どのようにしたらよいかについて真正面から取り組んだのです。全世界のすべてのカトリック信者が、現在の世界、社会のなかで、イエスの福音を告げる使命をもっていること、それを教会共同体としてどのように実現していくかを考え、世界、教会、信徒、司祭・修道者、また諸宗教との新しいかかわりについての指針をはっきりと書面で出しました。

この公会議の精神に従って、使徒的女子修道会もそれぞれの内部で「会憲」の改訂から、日常生活の大変革にいたるまで、すべての会員が、今イエスはわたしたちに何を望んでおられるのかを問いただし、祈り、分かち合って、具体的な行動に及ぶまで実現できるように努めました。この段階で使徒的女子修道会は教会のなかでしっかりと位置付けられることになりました。

公会議からちょうど五十年を迎えているカトリック教会、そして使徒的女子修道会は今、何に直面しているのでしょうか？　最初の使徒的女子修道会から始まって何世紀かのあいだ、各修道会は大きな困難に出遭いながらも、それぞれの国や文化に多大な影響と貢献を果たしてきたと言えると思います。日本社会でもだれもがそれを認めていると思います。

そして今、現実は会員の高齢化と召命の減少という厳しい問題を突きつけられています。二十一世紀に入って、とくにわたしたちを取り巻く社会、日本の現状、そして世界全体の動きを前にして、使徒的女子修道会に属しているどの修道会も、目指して生きてきたイエスの福音を、どのように伝えていくべきか、どのように生きるべきか、この問いかけに真剣に耳を傾けて、応えをみつけること。その答えに従った生き方を具体的に実現していくことを問いかけられています。

そこに緊張や困難を感じますが、「主はともにいてくださる!」。この信仰は、最初の使徒的女子修道会の歴史から始まり、今日にいたった旅をふりかえれば、そこに大きな希望と信頼の源を見いだすことができるのではないでしょうか?

現在のカトリック教会は、教会共同体として一人ひとりの信徒・聖職者すべてを含めて福音を生き、伝えていく使命を与えられています。修道者として新しく問われていることの一つは、社会の中で、自分が置かれた場で、神と人々のために生涯を奉献して生きる在俗会、または信徒を中心とした運動体とより密接な関係を保ち、教会全体の動きとヴィジョンにそって、協力しあうことが求められていると思います。その霊に従って、第二バチカン公会議に継ぐ、使徒的修道会の在り方に変化をもたらされるのではないでしょうか?

3章　修道会にはだれでも入れますか？

修道会に入るためには、まず二つのことが前提になります。
一つは、カトリック教会の洗礼を受けていること。
二つ目は、自分の決断の責任を取れることです。

◉カトリックの洗礼を受けていること

洗礼はカトリック教会の一員として、教会共同体に属して、神の民の一員となるしるしです。旧約時代から水は神さまからの救いのしるしでした。イエスも宣教を始める前に旧約の最後の預言者と言われたヨハネから洗礼を受けました。洗礼によって神さまから清められ、新しい人となるのです。

修道生活は、一人の人がイエスの生き方を自分の生涯を賭《か》けて生きることを目指していますので、当然洗礼を受けていることが前提になります。みずから、父である神とその子であるイエスの生き方を、日常生活のなかで具体的に生きたいという思いは、洗礼をとおしてより強められ、自分の生涯を賭けて生きようという望みになります。

ですから、洗礼はキリスト者としての出発点ですし、その生き方は結婚生活があり、独身生活があり、専門家としての生き方などなどがありますが、そのなかで、修道生活はキリスト者として生きる生き方の一つです。一般に修道生活に入るためには、洗礼を受けてから、三年以上経ていることが求められます。この間に、キリスト者としての生き方を実際に生き、体験することをとおして、修道生活への望みと決断ができるでしょう。

ヨーロッパとかアメリカ、南アメリカの国々のように、早くからキリスト教が広まり、良きにつけ悪しきにつけ、生活のなかにキリスト教がしみ込んでいる国々がいくつかあります。そのような国の人々は小さい時からキリスト教の神、イエスについての知識や文化が呼吸のようにしみ込んでいます。環境としても、キリスト教にかかわる建造物や音楽、芸術などから当然のように影響されて、子どもたちも大きくなっていきます。

一般的に言えば、日本はそれとはまったく異なった宗教的な背景、環境、歴史、文化のなかで生きています。日本で洗礼を受けてキリスト者になった人が、たびたび仏教のお寺や神道の神社に行って、荘厳で静寂に満ちた雰囲気のなかで、何の抵抗もなくその空気に浸っている自分を意識することがあります。それと較べて、ヨーロッパで入った教会の雰囲気に違和感を覚えるといった感想をたびたび耳にします。

どの宗教も一定の文化のなかで生まれ、育っているので、特有な個性をもっていることは否めません。そのために、日本古来の宗教的雰囲気で育った自分が、キリスト教的文化のなかで育った雰囲気に馴染《なじ》めないことも当然でしょう。しかし、どの宗教もそれぞれの文化や歴史を越えて、その視野を果てしない世界に、宇宙に向けていると思いますし、自分が属している信仰共同体のなかで、それぞれが特有な文化や歴史を意識しながらも、それを越えたより深く、より広い視野を持つことができるのではないでしょうか。そのような体験は洗礼を受けることによって、以前気がつかなかったこととして、見えてくる体験でもあるのです。

洗礼によって、新しい人として出発しますが、そこで求められるのは、キリスト教の神さまについての学びと理解です。キリスト教の特徴の一つは「神のことば」です。旧約聖書の神は、アブラハムに、そしてモーセに直接語りかけることにより、神の民に接しています。新約の時代になって、イエスは同時代の人々に生きた言葉として神を知らせてくださいました。わたしたちはそのイエスの言動を新約聖書をとおしてより明確に理解することができます。

洗礼の時はまだいろいろとわからないことがあったでしょうが、洗礼後は、聖書や神学の学び、そして教会共同体の一員としてのミサやさまざまな祭儀に参加することによって、よりいっそう神の姿や思い、イエスのことばと行動を理解し、イエスについてのイメージがはっきりとしてくるでしょう。そのような理解から、イエスをより近く感じるようになり、わたしたちと「ともにいてくださる存在」になるのです。

◉自分の決断の責任を取れること

入会のために何歳から何歳までという規定はありませんが、修道会に入って、シスターになるということは自分の一生を神さまにささげて、他者のために働くことを意味しますので、その決心ができる年齢に達している必要があります。一般的にいえば、勉学の時期が終わり、一人の人間として社会人として自立した生活ができる年齢に達していることが求められます。

しかし、わたしたちはいつ修道生活のことを知るきっかけが与えられるかはわかりませんし、神の思いもはかることはできません。自他ともに修道生活に呼ばれていると思っていても、とくに両親の世話をしなければならなかったり家庭の事情などで入会が遅れる場合もあります。いずれの場合も神からの呼びかけを本人と周囲の人とともに慎重に識別することが必要です。

シスターになることによって、イエスの生き方に従って生きたいという望み、信仰が中心になりますが、日々の生活は自分が選んだ修道会が定めている精神に従って生きること、そしてその生活は共同体としての生活です。他の会員とともに生き、ともに祈り、日々の生活を共有しなければなりません。共有の内容は、一人ひとりの会員がもっている歴史も人柄も共有することですし、その共同体としての役割、家の維持管理、経済などをともに分かち合うことです。同じ精神で生きることができるように、互いに支え合うこと、助け合うことが求められます。

このように描くと、多くの人はビビってしまうかもしれませんが、このような共同体性は1＋1＝2ではなく、限りなく独創的で、意外性に満ちた豊かさがありますので、ご心配なく、そのなかにイエスがおられますから。

修道生活のために必要な学歴、資格とか技能など、また、入会までどのような体験をしてきたかなどは問いません。しかし、修道生活を選んだ目的や理由が失恋とか結婚はしたくない、あるいは「自分には修道生活しかない」といった思いこみもふさわしくありません。

修道生活はけっして人間的な完成を目指しているわけではありません。わたしたちはだれでも、人間としての性格的な欠点や弱さ、脆《もろ》さをもっていることを認めること、そのような自分を意識していること、それを受け入れていること、そしてそれを乗り越えて、さらにより自由で開かれた心をもつ自分になることを望んでいること、つまり、神さまの前で、人としてより成熟していき、他者に対してもより開かれた心をもてるように努力していくことが大切です。

修道生活のなかで、とくに共同体生活をとおして、人間的なレベルでの成熟さを目指して努力することが大切であると同時に、キリスト者としての成熟さも求められますが、これは修道生活を始めたときから徐々に身についていくことでもあります。

4章　シスターとして呼ばれていることはどうしてわかるのですか？

◉いつ、どのように呼ばれるのですか？

「シスターとして呼ばれる」のは当然神さまからですから、すでに神さまとわたしの間にかかわりがなければなりません。

洗礼を受けたキリスト者でなくても、シスターになりたいという望みをもつ人はいるでしょう。また、洗礼を受けていなくても、神さまからのかかわりがある人もいるでしょう。

しかし、シスターへの呼びかけは、ふつうは洗礼を受けたキリスト者に呼びかけられ、キリスト者としての生活のなかで、祈りを体験しながら、いつかそのような呼びかけを感じたり、心にとまったりするのです。神さまとのかかわりなしにはそのような呼びかけはないと思います。自分から「わたしは神さまに、イエスさまに呼ばれています」と確信をもっているとしたら、一方的に自分が思っているだけで、神さまとの会話をとおして始まる呼びかけとは言えません。

また、神さまからの呼びかけは、他の人とのかかわりや出来事がきっかけになって始まることもあります。「シスターになること」が心のなかに起き、その思いがどうしても消えないとしたら、まず信頼できるだれかに話し、他の人の意見を聴くことも大切です。神さまから直接くるよりも、まずあなたの心に思いが宿り、その思いを理解できる他の人に相談してください。他者の協力によって、神さまがあなたに望んでいることが、あなたの思いとしてだけでなく、より客観的になり、よりはっきりとしてくるでしょう。

シスターとして呼ばれているか、いないかは、ひとえに神さまによるのですが、そこにだれか他の人の協力が必要だということの例を旧約聖書に見てみましょう。そこに描かれている神は、ご自分が選んだ一人の少年に姿は見せませんが、直接話しかけます。しかし、少年サムエルはまだ神さまと直接かかわっていなかったので、彼が仕えていた指導者のエリの声だと理解しています。神さまは「サムエル、サムエル」と「名前」で呼びかけます。神が、そしてイエスが個人にかかわる時に、その人の名前を呼ぶ、このことはキリスト教の神さまの特徴でもありますし、わたしたちと神さまとのかかわりの近さを示しています。結局サムエルが神さまからの呼びかけだったと理解するために、指導者エリをとおして実現しています。旧約聖書のなかに記されているその有り様をゆっくり読んでください。
その情景を想像しながら、味わってみてください。

　少年サムエルはエリのもとで主に仕えていた。そのころ、主の言葉が臨むことは少なく、幻が示されることもまれであった。ある日、エリは自分の部屋で床に就《つ》いていた。彼は目がかすんできて、見えなくなっていた。まだ神のともし火は消えておらず、サムエルは神の箱が安置された主の神殿に寝ていた。主はサムエルを呼ばれた。サムエルは、「ここにいます」と答えて、エリのもとに走って行き、「お呼びになったので参りました」と言った。しかし、エリが、「わたしは呼んでいない。戻っておやすみ」と言ったので、サムエルは戻って寝た。

　主は再びサムエルを呼ばれた。サムエルは起きてエリのもとに行き、「お呼びになったので参りました」と言った。エリは、「わたしは呼んでいない、わが子よ、戻っておやすみ」と言った。サムエルはまだ主を知らなかったし、主の言葉はまだ彼に示されていなかった。主は三度サムエルを呼ばれた。サムエルは起きてエリのもとに行き、「お呼びになったので参りました」と言った。エリは、少年を呼ばれたのは主であると悟り、サムエルに言った。「戻って寝なさい。もしまた呼びかけられたら『主よ、お話しください。僕《しもべ》は聞いております』と言いなさい。」サムエルは、戻ってもとの場所に寝た。
　主は来てそこに立たれ、これまでと同じように、サムエルを呼ばれた。「サムエルよ。」サムエルは答えた。「どうぞお話しください。僕は聞いております。」主はサムエルに言われた。「見よ、わたしは、イスラエルに一つのことを行う。それを聞く者は皆、両耳が鳴るだろう。その日わたしは、エリの家に告げたことをすべて、初めから終わりまでエリに対して行う。」

（サムエル記上３・１－12）

やっと三度目に、呼びかけているのは主であることがわかると、サムエルは素直に「どうぞお話しください。僕《しもべ》は聴きます」と答えています。主である神はこのような呼びかけを少年サムエルにし、サムエルはそれに答えます。神とサムエルのあいだで話が通じ、対話が始まったのです。

◉一人の自由な女性として、識別し、決断する

では、神さまから肩を叩《たた》かれたように感じたり、囁《ささや》きの声があったように思ったりする瞬間とは、実際にはどのような場合、どのような時でしょうか。いつごろからかわからないけど、修道生活のことを考えていたことは確かだった。あとになってふりかえってみると、「確かにあの時からだった」と言える出来事があったことを思い出すかもしれません。なんとなく、修道生活のことが気になったり、考え始めて、その思いや考えをよりはっきりと知りたい、確かめたいと思うようになったら、「識別」の時をもつことが大切です。

これは一人でするのではなく、信頼をおける指導者、または同伴者とともにします。本人と指導者、同伴者のあいだで行われますが、そこに必ず主である神が

「ともにいる」ことが前提になります。本人が本当に主に呼ばれているかどうか、それに本人がどのように応えようとしているか。それを見るために、今まで考えてきたこと、わかったこと、今でも不安を感じていること、気になっていることなどを、まず、できるだけ机の上に置きます。それを二人の真ん中におられる「主」とともに見て、祈り、その祈りからわかったことを言葉で表現したり、書いて、客観的に確認することも大切です。それをとおして、最終的にどのような決定をするかを出すことになります。

しかしそれで終わりではなく、その決定に対して、自分自身が本当に自由な態度をもっているかどうかを、もう一度、神さまから問われたり、自分でも問い直します。神さまは呼びかけた人が、義務でもなく、命令としてでもなく、その人が自由な意志をもって応えることを望んでおられます。

神さまは、その人に力があるからではなく、素晴らしい人だからでもなく、神さまを愛し、神さまにすべてをささげ、そして、他の人に神さまの愛を伝えて仕える人として選んでおられるのです。神さまからの呼びかけは、わたしたちの力、わたしたちの考えによって実現されるのではなく、最終的には、すべての計らいは神さまのイニシアティブによって実現されるのです。

一人の人が神さまに選ばれて、生涯を神さまとともに、人々のためにささげる、この呼びかけの重さを理解できると思いますが、その思いをしっかりと意識すること、そのうえで呼びかけに応えるか、応えないかの決定ができるでしょう。まだ決心できないこともあるでしょうし、修道生活ではない生き方の選択になることもあるでしょう。いずれにしてもこのようにしっかりと識別することによって、結果として、一人の自由な女性として、心からの喜びと平和を感じ取ることができると思います。

◉シスターへと突き動かされたきっかけの具体例

識別をする前に、修道生活について考えたり、悩んだりしながら、その生き方に自分を強く突き動かした出会いやきっかけがあったというシスターたちもいます。ここにいくつか例を出してみましょう。彼女たちが修道生活への招きに応えるために、きっかけになったのは何か。どのような出会いがあったのか。その後の識別にどのように入っていったかを少しでも読み取ることができるようにと思い、短いコメントを加えます。

1＊ある日わたしは養護施設を訪問しました。そこで障がいのある十六歳の少女に出会いました。そのときわたしは自分の生活とまったく違った環境にいる子がいることを知り、他の人のために何かをしたい、他の人のために生きたい、と思うようになりました。

このシスターにとって、自分と同世代の障がいのある少女と出会ったことが大きなきっかけになっています。「その子のために何か手伝いたい」という思いから出発して、その思いを具体化するために、どのような生き方をしたらよいかを探し求め、祈りながらその旅の線上に修道生活が出てきたのでしょう。

2＊わたしがキリスト教と出会う前に次のような体験をしました。終戦から二年ほど経った夏の忘れられない体験です。夜明けが近いと思われるころ、美しい三日月と星の不思議な動きに心を奪われました。お月さまの左側にあった星が見ている間に、お月さまを通り抜けて右側に移っていったのでした。その時、なぜか自分は一人ではなく、この美しい神秘をだれかといっしょに見ていたと思ったのです。この光景を見るようにと眠っているわたしを起こしてくださったかたがいたのです。そのかたの存在に気がついたのです。

わたしたちはしばしば大自然の美しさ、壮大さに感動して、創造主である神の存在を意識し、理解し、そこから、その神とわたしとのかかわりが生まれてくることがあります。このシスターは戦中・戦後の激しい変化を体験したあと、常に変わらぬ大自然のなかで、月と星による美しく神秘的な光景を見て、そのかたの存在を感じ取ったのです。

このような体験は、彼女のシスターとしての生き方のなかに、いつもそのかたとともにある信頼感と安定感をもつことができる出来事だったのではないかと思います。

3＊三歳の時、祖父の葬儀で初めて死者の顔を見た。死は幼い心に恐怖となって焼きついた。中学で、ある先生が「人間は生まれた瞬間から死が始まる」と言われた時、神をまだ知らなかったわたしは絶望した。近くの山に住む鳥の親子がいつも同じ道を通って巣に帰っていくのを見て、「人間はどこに帰るのだろう？」と考えていた。高校の寮に入って、聖体降福式（カトリック教会の儀式の一つ）があり、大きな人類の流れが神の家に帰っていくヴィジョンを心にいただいた。「この壮大な人類の歴史のなかに自分も入ることができる」と直感した。

幼かったころ、わたしたちは恐れをもった体験をもっています。大人になって、外面的な事柄に振り回されて生活していますが、どこかで自分の存在そのものに不安、恐れを抱いているでしょう。だれもが抱いている人間としての不確かな存在感は、わたしたちを越える存在との出会いによって初めて堅固で安定した存在感をもつことができるのではないでしょうか。その確かさのなかで、わたしとまったく異なる他者とともに生き、他者のために自分を提供できる土台が固められるのではないでしょうか。

ここに挙げた例を味わってください。それぞれ違った環境のなかで、他者と出会い、大自然と出会い、自分の将来を考えたときに、わたしたちは心のなかで、大きな決断をするのです。「シスターになる」、「シスターになりたい」場合も、同じように、周囲の人や家族に打ち明けて、その反応を見て、結論を出すでしょう。しかし、はっきりしない呼びかけの段階でいろいろな出来事やきっかけ、出会い、支え、励ましなどをとおして、初めてあなたを選んだ神さまからの、イエスの呼びかけを、静かさ、平和、喜びのうちに受け入れることができるのです。とは言っても、わたしたちの信仰、わたしたちの神への信頼、イエスへの忠実さは百パーセントではありません。小さなことでその信頼を揺るがされたり、失いそうになることはしばしばあります。

修道生活はわたしの生涯を賭《か》けての決断を求めます。しかし、わたしの弱さ、脆《もろ》さゆえに、その決意を危うくするような状況はしばしば起こります。そこでの苦悩や不安とどのように向き合うかは、最初の決意をしたとき、そのための識別をした時に戻ることが大切です。このくりかえしを恐れる必要はありません。それは、わたしと神さまとのかかわり、イエスとわたしとのかかわりをよりいっそう深め、強め、かかわりの味わいを増すためのチャンスでもありますし、見えない神をより深く知る機会でもあるのです。「神の憐れみは永遠、その愛は永遠」。

◉多くの修道会からどの修道会を選んだらいいのですか？

すでに触れたように、女子修道会と言っても、ある教皇が言われたように、花園のなかにある花のようにたくさんの修道会があります。日本に現在百の女子修道会と在俗会があります。そのなかで、観想修道会＝九、使徒的修道会・宣教会＝八十三、在俗会＝八（二〇一四年カトリック教会ハンドブック）が奉献生活者の会として存在しています。

どの会に入会するかは、入会志望者が自分で考え、調べて、選びます。その段階としては、①修道会についての情報をインターネット、書籍、各修道会で出している小冊子などから集める。②司祭、シスターなどから修道生活について聴く。③直接関心のある修道会に問い合わせをして、訪問する。また、関心のある修道会の会員と出会うなどを試みること。④関心のある修道会の特徴、カリスマ（各修道会が一番大切にしている精神、モットーなど）を知り、また現在の会員が働きとして、どのような場所や人々とともに働いているかを見ること。そして、入会を希望する人として修道会側のシスターとのかかわりが大切です。修道会によっては、生活を実際に体験することができるところもあります。

このような段階を経ていくうちに、徐々に自分が招かれていると感じる修道会が特定できてくるでしょう。自分が好きなところとか、自分がすでにもっている資格とか、経験にこだわらずに、神さまが呼びかけているところがどこかを祈りながら探すことが大切です。

世界中の人々に影響を与えたマザーテレサは、最初に入会した修道院から退会して、深い祈りのなかで、神さまに自分の考えを確かめつつ、新しい修道会を創立しました。彼女はコルカタの町の道で、だれからも目を止められないで死にゆく人を見て、ともに寄り添い、神の国に旅立つまで、その一人とともにいたのです。マザーテレサは修道者としてわたしたちに素晴らしいモデルを残してくださいました。

5章 シスターになるまでにどのような養成を受けるのですか？

まず、シスターになるための養成とは何かを考えてみましょう。一般的に医者、教師、法曹関係者、技術者などなどの専門家は、そのための養成・訓練を経て、一定の資格を得て、人々のため、社会のために働きます。シスターにとっての養成はこのような資格ではなく、それまでに与えられたすべてのものをもちながら、「シスターになっていく」ための長い養成、生涯にわたって行われる養成ということができます。

神さまに呼ばれて、応えることから始まる修道生活は、それまで家庭、学校、あるいは職場や社会で受け、培ってきた一人の人としての「自分」からの出発です。そこから出発して、自由に決断した一人の女性として、「シスターになっていくための養成」を受けるのです。受けるだけでなく、注意深く汲《く》みとって、自分のものにしていく努力が求められます。初めから最後まで、〝生涯現役〟のシスターになっていくために、常に自発性が求められ、常に学び体得していく姿勢を求められる終着点のない生涯養成ということができるでしょう。

養成の内容は何でしょう。各修道会はそれぞれのプログラムをもっています。その内容は、シスターになろうとしている女性が、自分の生涯を賭《か》けて、神さまの望みに応えて生きたいという目標を実現することができるために、修道会として助けになることが提供されます。養成を受ける個人は、その内容に助けられながら、自分自身を養成していくことが何より大切なことです。属している修道会の家風を学ぶことから始まって、修道生活の意味、カトリック教会との関係とその広がりなどなど、学ばなければならないことはたくさんありますが、単に知的に学習するのではなく、日常生活のなかで体験し、体得していくことです。

その根底には、わたしに呼びかけられた神さまとのかかわり、そして他者との日常生活でのかかわりがあります。シスターとしてわたしは神さまとどのようにかかわっているか、他のシスターと、またその他の人々と、どのようにかかわっているかを毎日の生活のなかで見ていくこと、これが養成の中心であり、根底でもあります。

教皇フランシスコは、世界中のシスターたちに向けて、「あなたたちはパートタイムで働かないでください」とユーモラスな表現を使われました。毎日の生活の中で、神さまはわたしに呼びかけるでしょう。その呼びかけに応えていくために、わたしの心の自由さと自主性が求められます。

神さまの呼びかけを受けて、神さまが望んでおられることに応えること。それは、人々のために働いて、すべての人が神さまの創造の目的にかなう生き方ができるように手伝うことを目標にしていると言えます。そのために、各修道会は会員の養成を大切にしていますが、とくに新しく入会した人の「養成」に力を入れています。その内容として、次のような点です。修道会によって、強調点の置き方に違いがあると思いますが、おおよその流れは共通していると思います。大まかにいくつかの項目に分けて見てみましょう。

●神さまの呼びかけを確信するために

長い、そして時には辛い識別を経て、決断し、一つの修道会を選んで、「志願者」として入会する。そこで、いよいよ修道生活が開始されます。

イエスは、ガリラヤ湖のほとりを歩いておられたとき、シモンとシモンの兄弟アンデレが湖で網を打っているのを御覧になった。彼らは漁師だった。イエスは、「わたしについて来なさい。人間をとる漁師にしよう」と言われた。二人はすぐに網を捨てて従った。（マルコ1・16－18）

イエスの呼びかけにすぐに従ったペトロとアンデレを想像してみてください。イエスが声をかけられた時、二人とも「この人に従って行こう」という望みが心のなかに湧《わ》いたのでしょう。イエスを目の前に見て、直感的に「この人について行こう」と決意したのです。すぐに今まで生活の糧を得ていた網を捨てて、イエスのあとについて行きます。途中で、「どうしてこんなことになったのか」と思ったかもしれませんし、イエスを取り巻いていた人を見て、「自分はこの人たちのなかでいっしょに生活できるだろうか？」と思ったかもしれません。

今、多くの修道会は、新しい入会者を受け入れる共同体が以前のように大きな共同体ではなく、比較的少数の会員で構成された共同体になっています。また、一見して生活様式もふつうの家庭と同じか、あるいはより簡素だと感じるかもしれません。それにしても到着早々は、その雰囲気や環境に圧倒されて、緊張するものです。今までとはまったく違う雰囲気、風景で、一瞬戸惑ったり、驚いたりするでしょう。朝から祈り、ミサ、食事もいっせいにし、それが終わるとさっさと、一人ずつ自分の仕事を始めたり、外に出かけて行って、夕方まで帰ってこないとか。先輩のシスターたちは流れるように動き、早朝はお互いに言葉も挨拶もろくに交わさない。それまでの家庭内での生活リズムやかかわりとはまったく異なっていて、一瞬緊張してしまうでしょう。日常生活でのこの変化に、とにかく適応しなければと焦るかもしれません。

しばらくすると、周囲の環境やシスターたちの生活が見えてきます。その時がくるのを忍耐して、待っていてください。そこにいる会員全員は、喜んで新しい会員を受け入れてくれるでしょう。そして、同時に一人の担当者のシスターが同伴者として決められるでしょう。入会後から彼女といっしょに、この大きな変化をともに歩き、自分の心のなかに起きる焦り、緊張、疑惑、質問などを遠慮なく分かち合い、話し合って、できるだけ自分を取り戻すようにしてください。

入会後は日常生活の具体的な仕事を手伝いながら、徐々に修道生活についての説明の時間を取ります。各修道会が一番大切している会憲（その修道会の憲法）から始まって、会の歴史、創立者についての研究、会としての組織などなど、盛りだくさんです。同時にこの段階から、修道生活を目指している自分をふりかえる内容の養成も入ってきます。

入会による生活の変化は容易ではありません。その変化からくる違和感や困難が、自分の決断を疑ったり、本当にこの生活を続けていけるのかと心配になるかもしれません。しかし、それは同時に神さまからの呼びかけを前より堅固にするチャンスでもあります。生活の変化から起きる自分の心の動きは、貴重な養成のポイントでもあります。とくに新しく入会した人のために、修道会はかならず、彼女がもっている疑問や心の動きを自由に話したり、表現し、話し合うことを大切にします。そのために、それを聴いて、いっしょに考える一人の同伴者が決められているのです。生活の変化によって起きるさまざまな思い、疑問、悩みや心配などなどを、一人で解決するのではなく、他のシスターとともに見たり、考えたりすること。これは入会前にもした「識別」に繋がっていることですし、より深い、そして現実に即した「識別」になります。この識別は必ず「祈り」が伴うものですから、入会者と神さまとのかかわりが、よりいっそう現実的で、より親しいものになっていく過程を歩いていることを証明しているとも言えます。

◉神さまとの親しさは「祈り」から

神さまとわたしとのかかわり、イエスとの対話は「祈り」そのものです。わたしたちは毎日目の前にあることに囚《とら》われて、神さまとのかかわり、イエスとの直接的な会話を交わすこともなく、知らず知らずのうちに、神さまから、イエスの存在から遠ざかっているのが常です。困った時、苦しい時に急に神さまの存在を意識しますが、通常はほとんど忘れているのが当たり前になっています。

また、わたしたちは神さまについて知的に知ったり、学んだりしますが、かかわりの相手としての体験をあまり意識していないかもしれません。しかし、神さまはわたしたちとともにいる存在です。旧約聖書のなかでも、新約聖書のなかでも、神さまは「わたしはかならずあなたがたとともにいる」とおっしゃっています。わたしたちのほうが、神さまが、イエスが常にわたしたちとともにいてくださることを忘れているのです。

シスターにとっては、神さまが今何をわたしに望んでいるのかしらとか、今何を呼びかけられているのかしらと、尋ねなければならないのですが、日常生活のなかで以前にも増してその問いかけが多くなっているはずです。これは、わたしが修道生活を始めたこと、今そのなかで生きていることを実感していることであり、その生き方を選んだ原点に今立っていることを意味しています。神さまから、イエスからの声に耳を傾け、それに応えたり、応えなかったりするわたし。そのかかわりのなかで、わたしを呼んでくださった主を知り、主を理解すること。これはシスターであることとして、もっとも大切な部分ですし、これこそが「祈り」でもあります。それによって、毎日の「いのち」の糧を与えられ、力になって、わたしを生かし、他者にその力を分かち合うことができるのです。

このように自分に問いかけたり、他者から問いかけられたりすることは、入会前はほとんどしたことがなかったかもしれません。しかし、修道会のなかに入って初めて、この質問が頻繁に出てきて、そのために他のシスターに話を聴いてもらって、手伝ってもらうことも大切ですし、そのためにゆっくりと時間を取る必要もあるでしょう。それはシスターになっていくために必須なことであり、一歩一歩修道生活のなかに入る段階を踏んでいる証拠でもあります。

「祈り」は生活の外にあるのではなく、生活のなかにあるものです。これはシスターだけでなく、すべての人にとって大切なことですが、シスターは毎日の生活のなかで、より意識的にその「祈り」を大切にすること。これはシスターとして生きるため、働くため、奉仕するためのエネルギーの源泉であり、それなくしては修道生活を生き続けられなくなるほど大切な要素なのです。「祈り」を学び、生活の節目、節目で「祈ること」。それはシスターとしての養成の重要で不可欠なポイントです。

◉選んだ修道会の歴史を知り、先輩たちの生き方を学ぶ

神さまから、あるいはイエスから呼びかけられて、識別し、決断して、シスターになる。そのための識別のあいだに、すでに一つまたは複数の修道会を選んでいるかもしれません。その選びによって、修道会に入会します。各修道会は一

定の長さの歴史をもっています。その長い時間の流れのなかで、修道会としての霊的・精神的特徴や伝統、具体的な使徒的使命感を育ててきています。その歴史のほとんどが大先輩たちが一生を賭けてシスターとして生きた足跡であり、シスターとしての生きた記録でもあるのです。

たくさんの修道会は、創立の歴史を自分の会の遺産として大切にしています。そこに記されている歴史や資料を読むと、そのすべてに感動と称賛を覚えるといっても大げさではありません。とくに、創立者が創立のために経験した出来事や心の葛藤《かっとう》、そして神さまからの慰めと励ましなどは、その修道会の今を理解するためにも大切な資料です。

また、修道生活のなかで、いつも院内にいて、目立たず、静かに、忍耐強く他のシスターたちの活動や生活を支え、働いてきたシスターの記録を目にすると、神さまとそのシスターのかかわりを生きた証言としてとらえることができます。わたしたちに今伝えられている、そのシスターたちの勇気、忍耐、力強さ、そしてそのシスターに与えられた神さまからの温かさと優しさを目の前にして、「神の愛は力強く、その愛は永遠」と叫びたくなるほど感動を覚えます。

各修道会は「記録保管所」をもっていますが、それは生きたシスターたちが、それに続く会員たちのために残した「宝の山」ということができるものです。そのなかから学ぶことは大切な養成の一部です。

また、同時に毎日の生活のなかで、一人ひとりの会員から学ぶこともいっぱいあります。同じ修道会に属していて、いろいろと共通の体験をしているのに、一人ひとりから見えてくる反応や考え方、感じ方の多様さ。それでいて、会員としての一致。これらを他のシスターをとおして学ぶことは、より現実的で豊かな、そして貴重な養成であり、会の一貫性を理解できる機会でもあります。

◉修道会は教会共同体のなかの一つという視点で

修道生活は個々別々に存在するのではなく、カトリック教会全体のなかで、女子修道会として位置付けられています。イエスが復活して父なる神のもとに昇られたあと、弟子たちは共同体を作り、そこでともに祈り、生活の糧を得ながら、イエスの福音を告げるために、人々のなかに入っていきました。歴史を経て、教会自体も世界中に散っていきましたが、そのすべてはカトリック教会として一つの体であり、修道会はその体の一部として存在しているのです。シスターは多様な存在の仕方をしているカトリック教会という一つの教会共同体に属しているのです。その一員として、常に外の世界、社会に、広く目を向けて、とくに今苦しんでいる人や、困難な状況にある人々とともに生きることを目指しています。したがって、養成も修道会の内ばかりでなく、現在、未来の世界に視点を向けて行われるようにしています。

今、日本ではいろいろな国籍の人々や家族が住み、教会共同体のメンバーとして活動しています。教会はその人たちとともに生きる新しいあり方を探求し、模索し、実践しています。女子修道会もそのために、養成や共同体生活のあり方などを探しながら、この変化を受け止め、新しい生き方を創造していきながら、ともに生き、働いています。歴史も文化も異なることにより、時には理解しえないこともありますが、それは同時に新しい出会いであり、相互に心を開き、目をより大きく開けること、相互に学び合う豊かな出会いの機会でもあります。日本の教会に与えられた、新しい霊の動きとしてとらえることができるのではないでしょうか。

とくに、世界のなかでは、過去に信仰の自由を奪われた、あるいは現在奪われている教会がたくさんあります。そのようなところから日本に来ている難民のかたや労働者のかたがたが、今の日本のカトリック教会に属して、すでに教会のためにいろいろな活動をしています。とくに信仰の自由を奪われた体験をもって、日本の教会に属しているかたがたから感じ取れる信仰の堅固さと苦しみを乗り越えた明るさは、今の日本の教会に大きな影響を与えているように思います。わたしたちに与えられている「福音」ではないでしょうか。

日本の修道会の多くが現在体験している会員の高齢化と新しい入会者の減少を前に、いろいろな対策を考えなければなりませんが、その一つとして、若い会員がより多数の仲間といっしょに養成を受け、少しでも多い仲間の共同体を作るために、他の国にいる同世代の会員たちとともに生活したり、養成を受けることができるようになってきています。それまでは、初期の養成はできる限り自国で、と考えられてきたこととは異なる新しいあり方として考えなければならないと思います。自国を越えたところで、より国際的な広がりをもつことを考え、探求していくことになりますが、それにより自国内での宣教だけではなく、世界で必要とされている地域での働きに応えることができるように方向付けされた養成になるでしょう。実際には、修練期、有期誓願期であっても、修練者や有期誓願者を外国に派遣することが多くなってきます。この傾向はますます大切になっていくでしょう。

世界的広がりのあるなかで、若いシスターたちが「異質性」や「多様性」と直面しながら、一人ひとりが「自分」をより深く受け入れ、自分に与えられた固有な賜物は何かを意識すること、そしてそれを他の人に与えてゆくことができるようにと願っています。

◉志願期から始まる修道生活の養成の各段階

カトリックの女子修道会は、カトリック教会のなかに法的にも位置付けられています。一つひとつの使徒的女子修道会は教会法に則《のっと》って組織されています。養成についても養成に関する法的な規定に則って、各段階に実施される内容があります。

【志願期】　この期間は入会希望者と修道会の出会いの時です。

通常は二年間を前期と後期として取りますが、事情によって双方が調整することができます。この時期は志願者・修道会双方ともにまったく自由に出会い、知り合うことを目的にしています。前期は、入会希望者が就労している場合などは、そのままの状態を続けて、定期、不定期に出会いと分かち合いの時間を持ちながら、修道生活についての質問、疑問などを自由に話し合うことが大切です。

後期はできれば、その修道会の一つの共同体に加わり、直接シスターたちの働きや生活を体験することができます。この期間中は会員の一人が担当者として、同伴することになっています。

【修練期】　通常は二年間です。この期間は、入会希望者がこれまでしてきた修道生活の選びのための識別をさらに一歩進めて、自分の選びの確認と修道生活に実際に入る決意ができるための非常に大切な期間です。この期間中に、自分が属している修道会の憲法である「会憲」の理解、創立者が何を目指して、この修道会を創立したか、そして会は現在まで、どのような歴史をたどってきたか、今、修道会としてどのような使徒的使命をもって、人々に仕えようとしているかなどを学ぶために時間を取ります。この時期にも同伴する会員がかならず一人います。その責任者とその共同体は、彼女と生活をともにしながら、より自由に、より積極的に自分の選びをしているかどうかを、いっしょにみていきます。そして二年期の最後に、修練期を終了して、会員として初めての誓願を立てるかどうかについての識別と決心を文書にして、修道会の責任者とその顧問に提出します。

【有期誓願期】　この期間は修道会によって違いますが、六〜九年取ります。

初めて誓願を立ててから六年から九年のあいだは、毎年または二、三年ごとに誓願の更新をします。一人の会員として共同体のなかで生活する、使徒的な働きまたは勉学をするなど与えられた生活全体を見直し、共同体のシスターたちと同伴者とともに評価をして、先に進むかどうかを決めます。誓願が求めるものが何かをよりはっきりと理解し、自分のアイデンティティをより明確にしてゆく作業です。有期誓願期最後の更新のあと、終生誓願のために準備します。

【終生誓願の宣立】　長い時間をかけてシスターとしての養成を受けてきましたが、その最後にシスターは終生にわたって、修道生活をとおして、神さまと人々のために生きることを公に誓います。公に、というのは修道会、教会、そしてすべての人に宣言することです。この終生誓願式は、司祭の司式によって、家族をはじめ、友人たちの出席のうえで行われます。

「シスターになるために」はすでに述べてきたように、イエスの歩んだ道を歩んできて、終生誓願に達しましたが、それで終わるわけではありません。最後まで歩みとおすことができるように、養成も続きます。それは与えられる養成ではなく、「生涯現役」のシスターとして、神と人への奉仕をとおして、自らをイエスの姿により近くあるように自分を養い育てることが求められます。

6章　誓願って何ですか？

◉誓願の意味とその歴史

「誓願」という言葉は耳慣れない言葉だと思うでしょう。同じ読み方をする「請願」はしばしば使われていますが、この二つのどちらも願いを出すという意味では共通しています。しかし、だれに、何についての願いを出すかに大きな違いがあります。「請願」はたとえば、社員が上司に願いごとを出すとか、市民が役所に願いごとを提出する場合などに使われます。

しかし、「誓願」は一人の人が神に願いを出し、それを神が受け入れることを意味する宗教的な行為を意味します。

「自分の生涯をささげたいと願い、それを誓う」ということは、人の一生のなかで、もっとも荘厳で、崇高な行為だと思います。一人の人が自分のすべてをささげて、他者のために生きる。それはだれかに強制されたからでもなく、自分の義務感からでもなく、まったく自由で、自発性のある行為ということで、尊さや崇高さを感じます。

このように徹底的した行為は、修道生活だけでなく、他の生き方にも見ることができます。身近なところでは、神仏の前でする「結婚」とそれに伴う「結婚式」を挙げることができます。愛し合う二人が結婚を決意するためには、お互いが信じあい、生涯にわたって協力と共同を誓いあうでしょう。そして、その誓いを神仏と家族、友人の前で誓う式を執り行います。このような結婚と結婚式は、二人のあいだでの強い決意と願い、そしてお互いの誓いによって実現されます。また、その決意を神仏と周りの人々に、受け入れられて初めて祝福を受けることができます。このような結婚と結婚式はだれにとっても、人生のなかでの一番大切な出来事となり、より豊かな将来に向かっての出発点になります。

今日、このような崇高で、祈りに満ちた結婚式よりも、むしろ華やかで楽しいパーティーを主にした結婚式のほうが好まれているようです。結婚についての考え方や、家庭生活についての価値観の変化、そして将来についての希望や期待のもち方の変化からきている現象なのでしょう。あるいは現代社会そのものの影響から、商業ベースに乗った結婚式が好まれるのか、華やかさや楽しさに価値をおく風潮からきているのでしょうか。

カトリック教会の歴史のなかでは、この「誓願」を神と人との間で行われる約束の形と内容として取り入れてきました。隠遁《いんとん》観想生活をしていた人たちの生活のなかでごく早い時期に既に「誓願」という言葉を見いだすことができます。

旧約聖書「民数記六章ナジル人の誓願」にまでさかのぼります。紀元前二〇〇〇年ごろ、モーセの時代にまで戻るのです。その時代、祭司職に当たっていたレビ族は、「男でも女でも、ある期間、主に献身したい人は、特別な誓願をたて、ナジル人になる」「その人は聖なる者であり、髪は長く伸ばしておく。神に献身したしるしがその髪にあるからである」（民数記6・2－8参照）と記されています。旧約聖書の時代、つまり、西暦紀元前の時代から、ナジル人のように、髪を切らないで、粗末な衣を身につけて、砂漠に隠遁し、神を探し求めて祈り、人々に神の存在を告げて歩いていた預言者たちの姿や生き方をみることができるのです。

このような歴史を経て、三世紀ごろから、隠遁観想修道会が生まれましたが、神とともに生き、神を生涯求め続け、祈ることを中心にしている修道士たちは、それぞれの修道会のなかで、「誓願」を願い、それを受け入れられて、会員となり、修道生活を生きたのです。このような観想修道院は男性も女性も現在でも存在しています。この本のなかで何回も出てきている「修道生活」という表現の中身が「三つの誓願」であり、すべての修道会の会員はこの誓願によって、修道者になるのです。三世紀ごろから始まった隠遁観想修道会から長い歴史のなかで、アウグスティヌスやベネディクトなどによって築かれてきたのです。

◉シスターにとっての誓願とは?

では、シスターにとっての誓願とは何でしょうか。観想修道会の会員たちにとっての誓願と同じですが、使徒的修道会にとっての誓願は、それを修道院のなかだけでなく、外部の人々とともに働き、ともに生きるなかでも生き、働くことを意味します。

生涯をキリストに従って生きるという選びと実践は、神と一人の人、そしてその人と修道会との自由な契約として結ばれます。とくにその契約・約束は生涯にわたって、常に忠実に、誠実に実践し続けなければなりません。しかし、わたしたちの日常生活は、いろいろな困難や予測できない出来事が起こるのが常です。最初の養成期である修練期を終了する前に、この修道生活を本当に望むか、あるいは他の生き方をしたいという望みがあるかを、本人と修道会とが確認したうえで、「初誓願の宣立」になりますが、その後も一年ごとの誓願更新をして、最後の終生誓願になります。

すでに入会前にシスターになろうと思い始めたときから、「この道は本当に神さまがわたしを呼んでおられる道なのだろうか」とか、「修道生活はわたしにはできないのではないだろうか」など、疑いや心配があったでしょう。とくに、わたしたちは自分の未来を考えたり、予測しようとする時、さまざまな疑惑や恐れ、心配に囚《とら》われがちです。しかし、わたしたちは自分の未来を計画しえない人間的な限界、弱さ、脆《もろ》さを認めなければなりません。

また、この道を歩きながら、わたしに呼びかけたのは神であり、イエスだったということを、祈りのなかで気が付く体験を与えられ、導かれることが大切です。

もう一度自分を見直し、自分の力だけでこの生活をやり抜こうとしていないかどうか、そこに神さまからの恵み、そして、他の仲間たちの祈りと支えによってより強められていることを信じているかどうか。これらの問いに答えるために、入会、そして初誓願のとき自分がした誓いに戻って、祈り、考え、見極めて新たに誓願更新を願い、終生にわたる終生誓願の宣立になるのです。

◉貞潔（独身性）・清貧・従順の三誓願について

修道会による違いはありますが、修道生活が目標とする「誓願」はすべての修道会に共通しています。誓願式のなかで三つの誓願が表明されます。これも修道生活の長い歴史のなかで行われてきましたが、今はカトリック教会の教会法のなかで規定されていますので、どの修道会でも誓願式の中で誓願者ははっきりと言葉で表明することになっています。

三つの誓願とは、貞潔（独身性）、清貧、従順の誓願です。時代の変化によって、一つひとつの誓願の生き方に変化があることは事実です。この三つの誓願は今、わたしにとって何を意味するかを問いながら、世界中の観想修道会、使徒的修道会、在俗会の会員の一人ひとりは、誓願宣立の際に、誓願文（立願者が誓願の願いを書いて、それを式の中で朗読する）のなかに必ずこの三つの誓願を入れることになっています。

一つひとつの誓願の内容について詳しく触れることはできませんが、その意味していることを簡単に説明してみたいと思います。

‡‡‡ 貞　潔（独身性） ‡‡‡

この誓願は、まず、男性の修道者も女性の修道者も一生独身であることを誓います。イエスも独身でした。修道者が独身であることは、結婚を否定しているわけでもありませんし、家庭生活をしないためでもありません。イエスが、いつ、どこででも、どのような人とでも、自由にかかわっていたように、修道者も人々とかかわり、時には自分のことを忘れても、他者とともにいる場面もあります。

そのような時、ありったけの力を尽くすために、一人身の自由さを感じることがあります。それが独身であることに与えられている自由さであると思います。

多くの修道者は修道生活を選ぶ時に、結婚の道を選ぶことも真剣に考えたことでしょう。結婚か修道生活かを前にして、祈り、考え、神さまからの呼びかけをよりはっきりと聴き取ろうと努力した結果、修道生活を選んだと言えるでしょう。わたしたちが生きるために絶対的に必要とする「他者とのかかわり」は他者への愛情の交換であるとも言えます。そのかかわりをより広く、より多くの人と自由にもつことができるための独身性でもあるのです。

イエスも独身でした。福音に描かれているイエスの生き方を見ると、ふつうの人と同じように、心の温かさや、気配りなどなど、本当に人間らしさを充分に、しかも自由に発揮している姿を想像できます。そこには男性・女性の性を否定することではなく、結婚や家庭生活の価値の否定もありません。

時にイエスは「一人で山に登って祈る」姿がありますし、とくに十字架に至るまでの体験は、わたしたち一人ひとりの心に究極の愛と救いを感じさせる場面ですが、イエスにとっては、究極の孤独とすべての人を愛していたイエスの血の出る苦しみだったと思います。修道者になることを考える時に、人間的レベルだけで、修道生活が一番いい、あるいは一番人間的ではない生活だと思って選ぶ、あるいは選ばないとしたら、どちらも選択の基準とは言えません。人として他者とのかかわりを避けたり、逃避するための修道生活はありえません。

イエスがまだ少年だった時、過越祭のために、エルサレムに両親といっしょに旅をしました。その帰りに、イエスは神殿のなかで学者たちと話し合っていました。途中でイエスがいないことに気がついた母マリアは、神殿まで戻ってイエスを見つけ、「なぜこんなことをしたのですか？」と言うと、イエスは「わたしが自分の父の家にいるのは当たり前だということを知らなかったのですか？」と応えています（ルカ二章）。母親にとってはなんと冷たい応えでしょう。

しかし、「自分の父の家にいたイエス」としてみると、イエスにとって神殿は父なる神の家であり、自分の家でもあったのです。そこで学者たちと議論をするのはイエスにとっては中断できない大切なことだったのです。聖母もすぐにそれを理解しました。一人の母親であるマリアとしては、悲しさや苦しみを覚えながらも、父とのかかわりを学者たちに説明しているイエスのことを考えたら、母親としての自分の感情を乗り越え、神さまの思いに添う強い信仰をマリアは抱いていたのです。

イエスが復活した朝早く、マグダラのマリアはイエスが葬られている墓に行きました。そこで彼女は墓の石が取り去られているのを見ました。墓の外に立って泣いていると、天使が来て、「婦人よ、なぜ泣いているのか?」と問いかけます。マリアは「わたしの主が取り去られました」と言いながら後ろを振り向くと、イエスが立っておられるのが見えたのですが、マリアはそれが主であることがわからなかったのです。イエスから「マリア」と呼ばれて、やっと気がついたマリアは「ラボニ=主よ!」と叫びます。するとイエスが「わたしにすがりつくのはよしなさい。早く兄弟たちのところに行って、主は父のところに昇られたと告げなさい」と言われます。

ヨハネ福音書二十章のこの場面もまた、父とイエス、イエスとマグダラのマリア、そしてイエスとその弟子たちとのかかわりがどのようなものであったかが理解できます。イエスのかかわりは一人にとどまりません。神との一致、そして人とのかかわりは常に広く開かれていて、温かさや真実さ、そして愛を感じることができる交わりになっていますが、同時に、愛着を退ける堅固な自由さも感じさせられます。イエスが、冷たさではなく爽《さわ》やかさを示し、すべての人を慈しみと優しさをもって眺め、心を寄せている姿をわたしたちに感じさせますし、聖書のなかのいくつかの箇所でそのような姿を見ることができます。

このようにイエスの生き方に連なっている修道者のかかわりも、常に父である神とイエス、イエスとわたしのかかわりが、他の多くの人とのかかわりに、常に自由で温かい姿として、伝わっていくこと。これが修道者の独身性の意味ですし、神さまの普遍的愛を人々に伝える証《あかし》となって告げられるようにと思います。

‡‡‡ 清　貧 ‡‡‡

「貧しさ」という時、物質的貧しさ、精神的貧しさ、外面的貧しさ、内面的貧しさなど多様な意味がありますが、修道生活にとっての貧しさはそのモデルや基準をイエスの生き方と行動のあり方、またイエスの言葉に置いています。

イエスは三十歳で宣教活動をする前に、砂漠に行って悪魔の誘惑を受けました（マタイ四章）。悪魔は次々とイエスを誘惑しますが、イエスはそのすべてを退けます。そのなかで、世のすべての国々の繁栄を与えようと言う悪魔の誘いに、イエスは直ちに、「あなたの神である主を拝み、ただ主に仕えよと書いてある」と言ってサタンを退けます。イエスにとっては神の考えや期待をこの世界のなかで実現することであり、この世の富、名誉、権力のためにこの世にきたのではないとはっきり応えています。

新約聖書に描かれているイエスの姿を想像すると、ガリラヤやサマリアなどを歩いているイエスは手に何ももっていない姿に気づきます。パンの奇跡の時もイエスが、「聴いている群衆が何も食べる物がないのを憐れんだ」（マルコ八章）と書いてあります。イエスも何ももっていなかったのでしょう。イエスがサマリアに来て、井戸に水を汲みに来た女性に「水を飲ませてください」（ヨハネ四章）と言われました。この時も、イエスは手に水さえもっていなかったのです。何ももたずに、手ぶらでラザロの家に入って、そこで備えられた食事を他の人とともにしたり、麦畑を歩きながら、実った麦を摘んで口にしながら歩く弟子たちと同じようにとって食べたイエスの姿を想像すると、イエスの徹底した貧しさ、簡素さ、そしてすがすがしいほどの清貧のあり方、生き方を見ることができます。初期のころの修道者の一人といえる洗礼者ヨハネは、「らくだの毛衣を着、いなごと野密を食べ物としていた」（マタイ3・4）と書いてあるように、貧しい、そして厳しい生活を敢えて選んでいたのでしょう。

イエスの姿にしても洗礼者ヨハネにしても、その姿は外から見て、見苦しいとか、汚らしいとは言えないのではないでしょうか。そこに見えるものは簡素さとか、質素、すがすがしさと言えるのではないかと思います。見て、想像して、どこか人としての尊厳を感じるのではないでしょうか。

現代社会に生きる修道者たちの多くは、現代の貧しさのなかで生きています。実際に住んでいる国にもよりますし、場所にもよります。日本に住んでいれば、車やパソコンを使い、ケータイをもつ必要があるのです。世界にいる貧しい人たちにとっては夢のような飛行機に乗って、外国にある修道会の会議にも出席しなければなりません。とくにモノが氾濫《はんらん》している日本のなかでたとえば腕時計一つにしても、高級品から使い捨て品まで選択の可能性は無限にあります。このような社会、世界に住んでいる修道者にとっての清貧のあり方は容易ではありません。車、パソコン、ケータイの利用については、本当に働きや活動のために必要かどうかが、一つの判断基準になります。

清貧の誓願で大切にしていることは、個人としても修道会という団体にしても、私有財産をもたないことです。個人、共同体として、あるいは修道会としてほとんどのものを互いに分かち合うこと、共有することです。すべて「わたしのもの、わたしたちのもの」ではないのです。わたしの時間も身体も、わたしの能力、才能も、神さまから与えられたものであり、できるときには会員であろうが、外の人であろうが、いつでも差し出すことができる態度が求められるのです。

ですから、個人としても、修道共同体のなかでも、できるだけ簡素な生活をすることを心がける必要もあります。第二バチカン公会議のあと、使徒的女子修道会のシスターたちはそれまでの修道服をより簡単な形にするか、簡素な私服にするように変化してきました。使徒職の場では、周囲の環境や習慣によって判断する必要があります。日本の社会について言えば、ベールをかぶって、簡単な修道服を着ていることによって、シスターであることを認められるメリットもありますし、反対に敬遠されることもあります。いずれにしても、より人々に近くあることを使徒的態度として大切にしていくことが、服装についても大切な判断基準ではないでしょうか。

一言で「貧しさ」と言ってもさまざまな意味合いがありますが、シスターたちにとっての基準はやはりイエスの生き方です。

‡‡‡ 従　順 ‡‡‡

この誓願は修道生活にとって大切な要素として強調されてきました。神さまの思い、期待にそった生き方、働き方をすること、「神のみ旨」を何よりも優先することはだれにとっても大切なことですが、わたしたちは生活のなかでいつのまにか「自分」の思い、期待を優先してしまいます。この「自己中」に陥りやすいわたしたちですが、イエスはいつも神に向けて、「あなたの思いをわたしの思いにしてください」とおっしゃりながら、死にいたるまで父である神に従いました。

神に、そのイエスに従って生きようと願って修道生活に入ったシスターたちも、毎日「あなたのみ旨が行われますように」と祈り、そのために働いています。これがシスターたちにとっての従順の誓願の根幹だということができます。

シスターたちは個人として、神の思いや期待を聴き分けて、それに従って生き、働くために、神の声に耳を傾け、自分の欲求からではない神の意向をより大切にしたいと願いますが、同時にそのための現実の場としての共同体、そして修道会に対する従順という側面があります。修道生活の最初から、責任者とその仲間たちによって、共同体的に神の望みを探し、その呼びかけに応えていくこと、それによってこの地上で、神さまの思いが実現されることを常に願っています。

したがって、シスターたちは自分の修道会の使命や生き方を規定している「会憲」に従って、会から与えられている使命を果たすことができるように努めます。そこで自分と他の会員または会との葛藤《かっとう》が生まれることもあります。たとえば、「貧しい国にあるA共同体に行ってほしい」という願いが出された会員にとって、予想もしない申し出に躊躇《ちゅうちょ》したり、「とてもわたしにはできない！」と言いながらも、従順の誓願を思い、現地に赴く会員もいます。会の現状を見て、この決定を受け入れなければ！と思いながらも、心のなかでは疑問を抱いて出発するでしょう。しかし、現地での生活や体験をとおして見えてくる新しい世界にいつのまにか目が開かれ、派遣の意味や価値が理解できることがあるのです。そこに、「わたし」という個人を越えて、より広い次元で神の思い、願いが見えてくる、それが「従順」の誓願が目指していることです。

修道会のなかで、上下関係が強かった時代には、従順の誓願を上から下への命令として解釈されたり、受け取られたこともあったのですが、とくに第二バチカン公会議以降は、「すべての人―聖職者、信徒は同じ神の前で神の民である」と呼ばれ、修道者の生活のなかでも、上下関係ではなく、ともに神の思いをこの地上で実現する仲間としての位置づけがはっきりとしました。それによって、一人の会員に与えられる使命についても、それにかかわる責任者と会員が「対話」をとおして、ともに考え、探しながら決定がされるようになっています。

この世界の創造主である神は、創造された被造物に何を期待しておられるのでしょうか。父である神は、イエスをこの世界に遣わすことによって、わたしたち人間により具体的にご自分の思い、希望、期待を示しておられます。イエスはこの地上にいたあいだに、人々に直接話されました。とくに病人や苦しんでいる人々を癒《いや》し、奇跡を行い、罪びとを罪から解放して、人々に福音＝よい便りを告げて歩かれたのです。

今現在も、一人ひとりが与えられた「いのち」を最後まで精いっぱい生きることができるように、そして、世界が一致して、神の創造の業であるすべての「いのち」を何よりも大切にすることをわたしたちに託しておられるのです。

律法の専門家がイエスを試そうとして、尋ねます。「先生、律法の中で、どの掟が最も重要でしょうか。」イエスが言われます。「『心を尽くし、精神を尽くし、思いを尽くして、あなたの神である主を愛しなさい。』これが最も重要な第一の掟である。第二も、これと同じように重要である。『隣人を自分のように愛しなさい。』」（マタイ22・37－39）

神さまに造られたわたしたちの「いのち」を、より人間らしく実現できる社会を築いていくために働く。これは修道者だけでなく、すべての人が神さまから望まれているもっとも大切なことではないでしょうか。しかし今、世界のそこここで、また日本の社会でも、一人ひとりのいのちが、戦争や紛争、そしてかかわりや愛情の欠如から生まれる虐待や殺害、つまり「いのちの価値の喪失」による悲惨な出来事があとを絶たないように思います。

この時代、神さまの望み、願い、希望、期待は、わたしたちが、神さまの望み、希望に応えることであり、この社会に属するすべての人が、この神さまの望みのために働くことではないかと思います。とくにそれは「従順」の誓願を立てている修道者に向けられていることではないかと思います。

7章　共同体生活について

◉修道生活での共同体生活とは？

修道生活の始まりは砂漠の隠遁《いんとん》者からと言われています。洗礼者ヨハネの時代、つまりイエスの宣教前にすでに砂漠の隠遁生活者がいましたし、彼らの生き方は、現在存在する観想修道会のそれに繋がると言えるでしょう。洗礼者ヨハネは、ユダヤ教の学者のなかで、観想的な団体だったエッセネ派の修道僧であったとも言われています。当時のユダヤ教にはいくつかの学者のグループがありましたが、その一つであったエッセネ派は旧約時代の資料を集め、研究、保管、編集の作業を共同体でしていたようです。あとに出てくる観想修道院と同じような共同体生活があったと思います。

ここで、今のテーマから離れてしまいますが、エッセネ派のグループがかかわっていた大きな出来事について触れておきたいと思います。旧約時代の最後の

ころ、ユダヤ教の神殿が破壊された時に、このグループは、大切に保管していた旧約聖書などの文書の一部をクムラン（死海沿岸から一キロ）の洞窟に隠していたのです。そのまま時代が過ぎて、二十世紀になって一九四七年、一人の羊飼いが偶然にその洞窟を発見したことから始まって、大事な旧約聖書についての膨大な資料が見つけられたのです。一九五一〜六年にかけて発掘されたこれらは、現在「死海文書」と呼ばれて、その後の世界中の聖書学者や神学者たちによって研究されています。それまではっきりとしていなかった旧約聖書解釈や関連文書についての疑問、問題が一気に解き明かされ、旧約聖書解釈に著しい発展をもたらしたと言われています。

修道生活の中心はイエスですが、このイエスもユダヤの宗教や文化のなかで育ち、成長してきました。ですから、旧約時代の宗教者の生き方に影響を受けていたことも考えられます。旧約聖書の最後の預言者といわれる洗礼者ヨハネがエッセネ派に属していたとしたら、旧約時代と新約時代との繋がりをそこに見ることができるように思います。このヨハネについてイエスは、「預言者以上の預言者」と呼び、「女から生まれた者のうち、洗礼者ヨハネより偉大な者は現れなかった」

（マタイ11・11）と語って、ヨハネの生き方を高く評価しています。現在まで修道生活を送ってきたたくさんの修道者も、時代によって形に違いはあっても、イエスや洗礼者ヨハネの生き方や姿勢に深いところで一致したものがあり、そこに相互に繋がっている一つの線を見ることができるのではないかと思います。

そこに見える繋がりとは、修道生活の中心である祈りの生活と共同体生活です。祈りの面では、イエスも洗礼者ヨハネも砂漠とか山のように人里離れたところで、一人になって神に向かい合い、語り合っていました。しかし、二人とも祈りの時以外はまったく人々のなかで、人々のために仕えて、神さまから与えられた使命を果たしています。二人とも自分の家はもっていなかったようです。イエスについてみると、彼は多くの時間を十二人の使徒とたくさんの弟子たちに囲まれて生活していました。洗礼者ヨハネは、神さまからの許しを人々に説いて回っていた姿しか描かれてはいません。一人で祈る以外の時は、絶えず、不特定多数の人たちにかかわっていたと言えるでしょう。二人にとっての家族はすべての兄弟姉妹だったのでしょう。

イエスがこの世を去ったのち、十二人の使徒や弟子たちは、イエスの福音を伝え歩きながら、しだいに共同体を作っていきます。福音を告げるために外に出かけて行く人、家のなかで皮なめし工となって働いたり、あるいは他の仕事を得て、生活費を稼ぐ人、その他食事作りやさまざまな家事など、それぞれ役割分担をしています。そして、みんながそろうと、ともに祈り、食事をいっしょにします。すべてを分かち合う共同体が生まれたのです。この集まりは原始共同体と呼ばれていますが、そこから生まれたのが「教会」です。

信者たちは皆一つになって、すべての物を共有にし、財産や持ち物を売り、おのおのの必要に応じて、皆がそれを分け合った。（使徒言行録2・44－45）

三世紀以後に男子の観想修道会が生まれ、そこに加わったアウグスティヌスやベネディクトのような教父たちによって、修道生活の枠となる誓願や戒律などがはっきりと規定されていきます。一人の長上のもとに、会員である修道士たちがそれぞれの役割をもって働き、ともに祈る。そして、誓願で誓った貞潔、清貧、従順を具体的に行いによって実践する。このような生活の場となるのが共同体です。すべての会員にとって、イエスの福音の実践は自分一人で成り立つものではありません。神さまが一人の人とかかわるように、人は他の人とのかかわりなしに生活も働きもありません。

観想修道会にとっては、一人で祈ることもありますが、それも自分の独り言ではなく、神さまとのかかわりの場になっているはずです。祈りから出て、ふつうの生活に戻ると、直ちに他の会員とのかかわりが始まります。祈りも全員で祈る共唱が生活の中心になります。その他の生活は個室でのわずかな時間があるにしても、食事、働きなどそのほとんどは共同体として過ごされます。観想修道会の生活は、このように神さまとともに、他の会員とのかかわりによって、神さまの心を生きる、その場が共同体なのです。そこが身体的にも、霊的にも力やエネルギーを得るもっとも大切な源泉の場でもあるのです。ある観想修道会の会員は共同生活についてこのように書いています。

共同生活は、神の民の真っただ中に主がおられることを絶え間なく、雄弁に証するものです。……キリストは、万民を信、望、愛の共同体の中に集めるために、聖霊を遣わされました。相互間の兄弟的一致と財産の完全な共有とは、この新しい生活のしるし、利己主義と死に対する勝利の、否定しえないしるしです。

（オーグスチン・ロバート著『修道生活と霊性』）

男性の観想修道会での修道生活は、ただ修道院のなかにとどまるだけではなく、説教や教会活動のような使徒職をもっています。しかし、その生活の中心は、やはり共同体生活です。修道院内の仕事の分担もあるでしょうし、兄弟相互の交わりや助け合いも大切にされているようです。

一人の若い修道士から、彼のこととして聴いたことを思い出します。そのころ彼はフランスの大学で博士課程の論文を書いていました。ある時、少し疲れた顔をしていたので、尋ねたところ、「大学から修道院に帰ると、いつも寝たきりの年よりの兄弟の世話をしているんです」と言っていました。その表情は優しく、本当に彼の老いた兄弟を心から愛している！　と感じさせられました。

女性の観想修道会は生涯一定の場にとどまり、修道院のなかでの共同体生活が全面的に会員の生きる場です。その重要性は、男性の観想修道会とも違うでしょうし、修道院の外に出かけて行き、帰ってくる使徒的女子修道会とも異なります。生活のほとんどすべてのことを共同体として行うことになりますが、なかでも大切にしているのは祈りです。毎日、時間によって行われる「教会の祈り＝時課の祈り」は生活の中心だと思います。各会によって時間割は多少違うと思いますがシスターたちは夜中から祈りが始まり「晩の祈り」に至るまで数回、会員全員が聖堂に集まって、共唱で祈ります。

この祈りのほかにも、個人的な祈りや休憩時間、また作業や農業などの仕事もありますが、このすべてを共同体としてやることによって、シスターたち全員が、一日の大部分を神さまへの賛美、感謝として全員でささげ、世界中で起きている戦争や紛争、事故などで亡くなった人々、また、病気、貧困などで苦しんでいる人々が苦しみから解き放たれ、神さまの愛と慈しみによって癒《いや》されるようにと嘆願の祈りをささげているのです。共同体全体から発するこれらの祈りはきっと神さまに届いているのではないでしょうか。

◉使徒的女子修道会の共同体生活について

すでに見たように、十二〜十三世紀にかけて、信仰深い女性たちが、社会のなかで、人々のなかで、イエスの良い便りを告げたいという思いを抱いて、働き祈りをともにする修道生活を望み、複数の女性の集まりとして、共同体生活が自然発生的に生まれてきました。

最初は、女性たちが一カ所に集まり、みんなで祈ったあと、それぞれ周囲にいる貧しい家族や病人を訪れ、掃除、洗濯、そして子どもたちの世話やしつけなどを手伝う。そのために必要な家や街に出かけて行く。しかし、夜はそれぞれ自分の家に戻るという生活でした。そこに一人のリーダーがいること、仲間がいること、みながイエスの生き方を実現するために集められたという意識をもっているグループでしたから、あとから生まれてくる使徒的修道会と似ていますが、その時はまだ私的な共同体であり、教会との直接的な関係はなかったようです。このようなグループが複数あったことは事実ですし、今でも「ベギン修道会」と呼ばれる団体でヨーロッパでは存続していると言われています。

現在ある使徒的女子修道会については2章で触れていますが、その誕生のきっかけとなった一つの例は、サンティアゴ・デ・コンポステーラへの巡礼者たちの宿泊を受け入れ、病人や、怪我《けが》人の世話をしながら、イエスに従った生活をするために共同体を作った女性たちです。恐らく仕事が終わったあと、聖堂に集まって祈っていたのではないでしょうか。

十三、十四世紀になると、このような自然発生的に生まれてきた女性のグループが修道生活をする共同体として、フランスを中心に周辺の国々に広がっていきます。さらにヨーロッパだけでなく、十五世紀の新大陸発見を機に、アメリカ、カナダに渡ったシスターたちの共同体も増えていったようです。とくに十八世紀以後の使徒的女子修道会の社会的貢献は教育、福祉、また教会との連携においても高く評価されていましたし、世界全体に会員が派遣され、各地での活躍には目覚ましものがあったようです。各地での働きや生活は決してやさしくはなかったでしょうが、そこに、個人としてではなく、「共同体」があってこそ実現された協力、支え合い、バランスの取れた判断力、そして共同の祈りからくる一致がすべての源泉となっていたと思います。

数々の苦難を越えて広がっていった使徒的女子修道会は、一九一七年になって初めて、教会から認められました。しかし、このとき教会法が新しくなり、いつのまにか観想修道会で行われていた生活様式を使徒的修道会にも要求され、細かく区切られた時間割を気にしながら働かなければならない病院や施設などで働くシスターたちにとっては、共同体生活とのバランスが取りにくい、厳しい状態だったと思います。

◉第二バチカン公会議から現在までの共同体生活

一九六一年～六五年にかけて実施された第二バチカン公会議によって、教会は広く社会に、人々のなかに入って宣教していくという画期的な方針が出され、種々の面での変化を遂げることになりました。使徒的女子修道会にとっても、源泉に返って、それぞれの修道会が創立当時もっていた固有な使命を見直し、それに基づいて生活の在り方、とくに、修道生活における共同体のあり方を探求することが求められました。

それまでは相当な部分、観想修道会の生活様式を適用していた使徒的修道会でしたが、その生活も大きく変わりました。とくに使徒的方向性としても、今まで学校や福祉施設のなかでの働きが大きな部分を占めていたのが、より人々と近くで働くことの重要性が強調され、社会のなかで顧みられない人や、外国から仕事を求めて入ってきた人々、そしてその当時から増えた難民のために働く方向に向かっていきました。

第二バチカン公会議による大きな変化の一つは共同体生活のあり方でした。教会がより人々の近くで働くことを指針として出した結果は、そのようなニーズに応えるため、共同体は必然的に小グループで、街のアパートや小さい家に住んで、周囲の人々とともに生きる共同体に変化していきました。それまでは、ほとんどの修道会のシスターたちは、二十人、三十人といった大きい修道院に住んで、時間割に従って、生活も働きもともにすることがほとんどでした。祈りも食事もいっしょの大きい共同体での生活でした。しかし、新しく変遷したカトリック教会のなかで、シスターたちの共同体生活は、外へと開き、より近く人々のなかで生活し、働くことが求められたので、必然的に町のなかにある小さい共同体での生活をするようになったのです。

修道会が経営していた学校や福祉施設で働いているシスターたちはたくさんいましたが、彼女たちにとってはそれほど大きい変化はなかったかもしれません。使徒職の方向性を新しく見直して、変えていったシスターたちにとっては、生活環境の変化と、そこに住む人々に適応するためには長い時間がかかったと思います。毎朝、混んだ電車に乗って仕事場にいかなければならないシスターたちもいました。小さくなった共同体で、食事作りを分担し、仕事によっては違う時間の調整がやさしくはなかったと思います。また、修道会によって、新しい使徒的使命の実践として、日雇い労働者の町に小共同体を作り、そこでは共同体ぐるみで、作業所の手伝いや、夜回り、炊き出しなどの仕事に携わりました。

このバチカン公会議から出たカトリック教会全体の使徒的方向性の変化は、日本に限らず、全世界にある使徒的女子修道会を揺り動かした出来事でした。ある国では、文化財のような古く立派な修道院を福祉施設に譲り、会員は町の小さなアパートに移って、そこで、一般の労働者と同じような生活に変わったのです。

たとえば、ホテルの洗濯係の仕事に当たったり、掃除係をしながら働いたシスターたちがいました。空いている時間を小教区の教会で信徒のために奉仕することによって、イエスの使徒としての自分を取り戻していたと言っていたシスターもいました。また、外国人の季節労働者の多い町に住み、その人たちといっしょに、たばこの生産作業の仕事についていたシスターもいました。かつて彼女たちの小さいアパートに一泊しなければならなかった時、彼女たちはわたしたちのために、自分たちの部屋をきれいに準備して客に譲り、彼女たちは近所の家族のところに泊まらせてもらっていました。

第二バチカン公会議からすでに五十年。その間の変化を今ふりかえってみると、とくに使徒的女子修道会のシスターたちの変化は大きかったと思います。自分たちに与えられた新しい使命を受け入れるために、いろいろな葛藤《かっとう》や混乱もあったことは確かです。それぞれの共同体のなかでも、また一つの修道会のなかでも、最初はお互いに理解しあえないことが多々あったでしょうし、わかりあえないことによるストレスでくたくたになったこともあったでしょう。しかし、時がたつに従って、夜、みんなが祈りのために集まった時、今日出会った人々のことを思い返しながら、そこで生きている人々のために、今いっしょに祈っていること、そこにイエスがともにいてくださることを実感し、喜び、真の平和を味わうことができたと思います。そのような変化を体験しながら、五十年前に世界のカトリック教会が目指した新しい使徒的ヴィジョンが、世界のあちこちで広がり、今までの場の境界線を越えて福音を告げることを可能にしたのではないでしょうか。

一方、小共同体での日常的生活そのものは決して安易なものではありません。時間のリズムの違い、職場の違い、そして一人ひとりの育ち、性格、考え方の違いなどなどが、大きい共同体にいる時よりも、よりはっきりと見えます。往々にして共同体は小さい誤解や衝突で混乱させられ、全員が落ち込んで、沈黙状態に陥ったりして、暗雲がただようような事態になることもあります。また、相互にかかわりを避けて、共同体全体が冷たい空気に支配されやすくなることもあります。

共同体のこのような試練は、だれもができるだけ避けたいとは思っていますが、五人いれば五色の違いがあり、六人になれば六色の違いになることは当然なことです。そこにあるのは、言ってみれば、それぞれの「人」の違いであり、特色であり、個性でもあります。このような「違い」のぶつかり合いが起こったら、お互いが距離を置いて自分と相手のことを考え、「祈ること」によって、少しでも相互に受け入れることができるのではないでしょうか。

「そうは言っても」と反論されそうですが、小共同体のなかでのかかわり方を丁寧に学習することを忘れてはならないと思います。とくに、争いや誤解の底に潜んでいる「違い」は悪魔の働きの場ではなく、わたしたちの心をより広く、柔軟にするために天使がもってくる「豊かさ」として受け入れる知恵が必要ですね。わたしがもっていない新しい価値、考え方、感じ方としてみることができたら、と思いますが、それはひとえにわたしの心の柔軟性にかかっているとしか言えません。そのように考えると、修道生活のなかの「共同体生活」は、わたしをより成長させてくれる「宝庫」と言えるのではないかと思います。一人の人からもらった「違い」はわたしの人間理解を一つ成長させてもらえる体験です。そのような「違い」と出会えば出会うほど、わたしたちは人間理解を深めることができるのです。わたしたちが与えられている使命のなかに、より深く人を理解することも求められています。

神さま、あるいはイエスをより深く理解することはもちろん大切ですが、そこには同時に人をより深く理解することも含まれています。その学び舎《や》として、共同体生活はもっとも適切で恵まれた環境ではないかと思います。修道生活のなかの共同体生活の意味もそこにあるのではないかと思います。

わたしたちはみな完全ではありません。みな、弱さをもっています。その弱さは、神さまを知り尽くすことができない弱さですし、人間としてみながもっている弱さであることを知って、認めなければなりません。毎日、夜に祈る時、わたしたちは、イエスが教えてくださった「主の祈り」を唱えます。その最後の言葉、「わたしたちが人を許すごとく、わたしたちの罪をお許しください」と祈ります。わたしたちが相互に許し合う、その先に常に神さまからの許しがあることを忘れてはならないでしょう。

「祈り」は一人ですることもありますが、共同体として、ともに祈り、祈ったあと、分かち合いの時間を取ります。これも小共同体で実現できる大切なことです。いつもは食事の時に、今日の出来事や大切なニュースなどなどについて、自由に、楽しく会話が進みますが、月何回かは全員で集まって、生活全体から問われたこと、感じ取ったことを祈り、分かち合う時間を取ることを習慣化する必要があるでしょう。そこで出てくるのは、出来事でもなく、単なる話でもなく、その会員がまったく自由に神さまの前にいる自分を表現する時と言えるでしょう。いつも何気なく「いっしょに住んでいるシスターの一人」としてかかわっていた会員が、「イエスに呼ばれてここにいる」ことを実感する瞬間なのです。その時間は「あなたがたが二、三人いるところにわたしもいる」とおっしゃったイエスがともにいてくださったと感じる瞬間でもあります。

使徒的女子修道会はその初めから、共同体が中心となる生活様式を取り入れてきました。それはイエスの言葉によってそうなった、と言えるでしょう。あなたがたの「二人または三人がわたしの名によって集まるところには、わたしもその中にいるのである。」（マタイ18・20）

今の社会は一般的に言って都会的で、あまり温かみ味のある社会ではないと言えるでしょう。その社会のなかで、共同体生活をしているシスターたちの生活は、家庭の温かさとは異なっていても、イエスを中心にした人間らしいかかわりを大切にできる場でもあります。そこで与えられている力、エネルギーはその共同体のなかのためではなく、外に分かち合うべきものです。それは自分がかかわっている使徒職の場で分かち合うだけでなく、もっと広く、特に他者とのかかわりに恵まれていない多くの人に向けられるべきものという意識を、もっと大切にしていきたいものです。

8章 シスターたちはどのような働きをしていますか？

◉シスターにとっての使徒職の変遷

女子修道会としては観想修道会、使徒的女子修道会、そして、在俗会があります。最近は信徒を中心にして奉献生活をするさまざまな会、または運動もあります。ここでは使徒的女子修道会の使徒的働きを中心に取り上げたいと思います。使徒職という言葉は、シスターたちの働きをすべて含んでいます。外での働きはもちろん、修道会内部での仕事や役割、また病気や高齢になって、シスターとしてできることとして、「祈ること」も大きな使徒職です。

使徒的修道会の歴史（2章）、使徒的修道会の共同体（7章）のなかで触れていますが、使徒的女子修道会の最初の使徒職は何だったかについて記録に残っているのは、フランスの地方にあった巡礼者のための宿泊所での仕事でした。イエスからの呼びかけで始まって、それに応えたいと願った女性たちが具体的に始めたのは、巡礼者の世話でした。ただイエスが生き、働いたように、自分たちもいっしょに働こうということから始まった使徒職でした。

使徒的修道会の先輩であった観想修道会が、一定の敷地のなかでの「祈り」を柱として生活することはすでに述べましたが、それに対して、十三世紀ごろから自然発生的に生まれた女性たちのグループは、村にあった宿泊所に巡礼者を受け入れ、世話や看護に当たることが使徒的使命になったのです。長旅を歩いてきた巡礼者たちが一夜の宿として泊まり、そのなかで、病気になったり、怪我《けが》をしている人たちの世話をしたり、治療にあたったりした彼女たちは昼夜を問わず働いたのです。

このような宿泊所は英語で hostel といいますし、フランス語では hôtel と呼ばれていました。その後も一般にホテル、ホステルを意味しますが、ホスピス、ホスピタル、終末ケアの病院または一般病院を指す言葉になっています。十三、十四世紀ごろ、シスターのような女性たちがしていた働きが、宿泊所で巡礼者を「受け入れる」ことだったのですが、この働きがさらに広がって、その後の社会のなかで、病院での使徒職はもちろん、近くに病気で苦しんでいる人がいれば、すぐに飛んで行って、必要な手当てをする、母親が病気の場合は台所の片付けや部屋の掃除をする、また、子どもたちの世話をしたり、その子どもたちに神さまのことや、イエスさまのことを話す宗教教育にまで発展していったのです。このような使徒職は何世紀も越えて、いまでも各地の使徒的女子修道会で続いている大きな使徒職です。

十二～十三世紀のフランスはどの地方でもまだ、病院も学校も整ってはいなかったようです。それぞれの小さい村で、人々は相互に助け合って生活していたのでしょうが、そのなかで、村人のことを配慮して、困った人の相談にのったり、世話をするのは、それぞれの町や村にある小さな教会の主任司祭が多かったのです。巡礼者の宿泊所で働くシスターたちの活動を支え、宿泊所のなかにある聖堂でミサをささげたのも、その近辺にあった小さな教会の司祭たちだったでしょう。このような環境のなかで、使徒的修道会のシスターたちは、村の主任司祭たちから支えられ、また霊的に指導されていたと思います。同じような共同体がその後、方々に増えていった理由も、これらの司祭たちの働きが大きかったのではなかったかと思います。

十六世紀以後、とくにヨーロッパで、このような司祭たちばかりでなく、祈りのなかで強く心を揺るがされ、燃えるような熱誠と勇気をもった一人の女性が現れ、周囲の人々が必要としていることに応えて働く修道会の創立を考えて、まわりの女性たちに呼びかけ、その呼びかけに応えて集まってきた何人かと、創立した使徒的修道会が増えてきました。

そのなかで、各修道会は、その会特有の精神に従って使徒職を選び、それぞれの場で実践していきます。教育面では、学校に行っていない貧しい子どもたちの識字教育や、それまで顧みられなかった女子の教育に力を入れ、当時の社会からも高い評価を受けるようになります。

また、社会事業の面では、シスターたちは働きを必要としている人々のところに直接出かけて行って働くことを大切にしていました。家庭で、病人の世話をしたり、介護、子どもたちの世話など臨機応変にやっていました。また、問題を抱えている女性たちとのかかわり、そのような女性たちを受け入れるシェルターを造り、刑務所の囚人への訪問をする、などなど、あらゆる面での求めに応じています。街や村にある教会では、司祭たちを手伝って、子どもたちの宗教教育や家庭の世話などにかかわっていたシスターたちもたくさんいました。

ヨーロッパの国々でこのように使徒的修道会のシスターたちの使徒職は多岐にわたり、それまで貧しく、他者から顧みられなかった人々や、病気で苦しんでいる人、社会のなかで無視されていた人々に、積極的に関心と愛情をもって接するシスターたちとの出会いと交わりは、何よりもイエスの「よき便り」として受け入れられたことでしょう。毎日の生活の困窮からくる苦しみや悩みから解放され、自分が生きていくことに何らかの喜びや希望を感じることができたのではないでしょうか。

◉現在とこれからのシスターたちの働きについて

十三世紀ごろから始まり、発展していった使徒的修道会の働きは、今でも続いてきています。大きく分けて、教育、福祉、教会にかかわる働きを、どの時代でもその時の社会のただ中で果たしてきました。イエスの福音を告げることを働きの中心に置いて、どの分野でも、シスターたちが働くところに、生きる喜びと将来への希望のメッセージが届けられていたと思います。とくに、十九世紀から二十一世紀にかけては、使徒的女子修道会はヨーロッパで数多く創立され、シスターたちは、今まで行ってきた学校や施設を継続したところもあります。その当時の社会が必要とした求めに応じての働きをしていたのです。

とくにフランス革命など市民を中心にした社会改革が起こり、そのために多くの男女修道会は解散を迫られて、閉鎖したり、外国に逃れた修道会もありました。その後の政教分離の政策による宗教教育に対する措置として、修道会の閉鎖や解散を求められ、国外に出た修道会もありました。

また一方、産業革命による社会の変化も大きく、とくに労働者による闘争もあり、社会として不安定な時代でした。その渦中で、革命や闘争で傷ついた兵士の看護にあったシスターたちの活躍も目覚ましいものがありました。そのころから世界は多くの国が国内の紛争や戦争に巻き込まれ、そのたびに子どもたちや青年たちが犠牲になったのです。

その後、第一次、第二次世界大戦もあり、社会の動き、世界の動きによって、犠牲になったり、危機にさらされたのは戦場だけではなく、子どもたちや病人の多くが犠牲になっています。このような状況のなかで、いろいろな使徒的修道会のシスターたちの活躍している姿を見ることができます。市街戦で怪我をした兵士たちの看護や治療、親を失った子どもたちを引き取って育てた修道院など。さまざまな場で、必要なことに応じている機動性もシスターたちならではの働きでした。

二十世紀の終わり、一九九四年にルワンダで起きた部族紛争でのシスターたちの働きを最近の例として挙げることができます。この紛争で約百万人の国民が犠牲になりました。その結果、両親や親族を失った子どもたちが多数いました。紛争後、彼らは親戚や友人に引き取られましたが、幾人かの生き残った子どもたちを、紛争が終わってすぐに、自分たちも生き残ったシスターたちが引き取りました。それまでは公民館だった建物を養護施設として借りて、子どもたちとシスターたちといっしょの生活が始まりました。その子どもたちの多くは、目の前で両親が殺されるところを見たり、自分自身が大きな切り傷を負っている子どもたちでした。そこで彼らを世話していたシスターたちが一番心配していたのは、彼らが負った心の傷です。あるシスターは「あの子たちは今でも枕の下に鎌を隠して寝ているのよ」と言っていました。紛争が終わって、現地にとどまったシスターたちだけでなく、カナダやアメリカから多くのシスターたちが、とくに子どもたち、女性たちが受けた心の傷の治療のために働いている姿をみることができました。

同じ働きは、終戦後の日本でも、たくさんのシスターたちが果たしたことでもあったでしょう。外国から派遣されてきた宣教師としてのシスターたちや、日本のシスターたちが即座に子どもたちのため、病人のために、必要な手を差し伸べていたことは確かです。

今、世界も日本も大きな変化を求められています。スマートフォンによって、いかなる情報もすぐに手に入れることができるようになりました。その動きにもついていけないほど早い動きで変わっていきます。日本では、このケータイを使って、考えられない犯罪や非行行為が起きています。また、世界のあちこちで地域紛争や戦争、テロによる暴挙などなど、世界全体が危機に陥るような戦いが長期化し、それによって一般市民の「いのち」が危機にさらされています。その実態をどのようにして救うことができるのかが問われています。これからの世界はどうなっていくのだろうかという不安や危機感を感じざるをえません。それによって何が起こるのかと想像しますが、未来が見えません。

日本は二〇一一年三月十一日の大震災で、国全体がパニックに陥りました。数えきれないほどの被災者があらゆるものを失いました。「あの時のことは思い出そうとしても思い出せません」という言葉を聴いて、その衝撃の大きさを実感させられます。一見すると、被災者のかたがたも少しずつもとの生活を取り戻しているように見えますが、現地で話を聴いていると、以前より強くあの時の恐怖や死を前にした場面がフラッシュバックされるようです。あの当時の緊張感だけでなく、将来に対しても不安と恐れがあるでしょう。そのかたがたを前にして、わたしたちは何ができるのでしょうか？　一人ひとりに問われている問いでもあるのですが、答えはわたしを越えたところで伝えられるのでしょうが、それがいつかを常に目覚めて待たなければなりません。

シスターたちの人数も力も以前に比べると小さくなっているのは確かです。しかし、今ある力を、現実の日本の社会のなかで使うことができないかを探求するために、具体的に日本のほとんどの修道会が協力し合って、一つのネットワークを作りました。東日本大震災の被災者のため、また沖縄や他の地での現状と将来のために、具体的援助や「祈りの鎖」による協力体制を作っています。また、いろいろな地域で、学習支援や日本語教室を開いて、外国人の子どもたちや母親への援助に協力しています。

多くの犠牲を強いて世界で起きている紛争や戦争の現実に対して、どのように応えることができるのでしょうか？　今までたくさんのシスターたちがいて、さまざまな分野で精いっぱいの働きをして、子どもたちのため、病気で苦しんでいた人々のために、仕え、尽くしてきました。今シスターの数は少なくなっても、このような社会に、世界に、イエスの福音を告げることができる新しい働きとは何かを問い続けています。

◉「自己中」から「かかわり」へ

シスターとしての働きの中心は「福音を伝えること」ですが、その意味するところは、聖書に書いてある福音だけではなく、「良い便りを告げること」であり、その内容は、一人ひとりの人がその便りに接し、それを受けることによって、生きることが「よいこと」になる、言いかえれば、生きることが幸せであり、希望があり、感謝することができる、と感じ取れることです。それをイエスは今もなお神さまから創られたすべての人に望んでおられます。

この願いや姿勢はシスターに限らず、信徒の人やキリスト者でなくても心に抱いて実行している人はいっぱいいます。シスターになる、またはなった女性たちは、修道生活という枠のなかで、外に向かって、あるいは自分の共同体のなかで、生活全体が福音的になることを現在よりいっそう求められています。最近教皇フランシスコが、「修道者はパートタイムであってはならないのです」とおっしゃった意味もここにあるように思います。いついかなる時も目覚めていなさい、というイエスのメッセージに繋がる言葉です。

ともすると、福音宣教というと狭く堅い意味でとらえられますが、イエスの姿、生き方は常に動的であり、具体的であり、一定の人に限られずに、出会うすべての人に向かっています。その広さ、自由さ、柔軟さは、よい便りを告げる人としてのシスターにも求められています。ただ単に決まりきった使徒職に励むだけでなく、街を歩いている時も、知らない人に声をかけられた時も、イエスがその存在そのもの、存在全体で相手にかかわったようにかかわり、それが相手に喜びであり、幸せに繋がるかかわりとなることが目標です。

そのようなイエスの証人となるためには、一朝一夕ではできません。毎日の生活のなかで実現されなければ、外に出て急にイエスの姿を出会う人々に告げることにはなりません。その学びができるのは「共同体生活」です。共同体生活のなかでかかわる他のシスターとのかかわりから学び取ることが大切です。一人ひとりの会員はわたしとイエスをとおして繋がっているのですが、人間的レベルでいえば、まったく違った一人の人です。「違い」は大いに気になるものですし、「自分」と同じようになってほしいと思うのが本音です。しかし、違いだけを拾っていても、一致にはなりません。そこにいる一人のシスターのなかに、イエスとのかかわり、神さまとのかかわりがあることを探し、信じること。また、わたしのなかでともにいてくださるイエスの姿を思い浮かべることをとおして、他の人、他のシスターとわたしとの繋がりが生まれるのではないでしょうか。これは一人で祈ることによってしか与えられない恵みかもしれませんが。

先に大震災の時のことに触れましたが、そのあとでしばしば言われた言葉は、「絆」でした。急にすべてを失った被災者たちにとっては、それまでの生活がどれほど他の人々との絆で繋がっていたかを実感したでしょうし、今その絆が断ち切られたことによる孤独感、孤立感をどれほど強く感じていることでしょう。家庭のなかでの孤立、地域社会のなかでの孤立、そして、友人関係からの孤立、などなど。

わたしたちの日常生活が平穏で平和な時は、それぞれ自分の生活に囚《とら》われて、周囲に目を向けたり、他の人に関心を持ったりしなくなりがちです。今の日本社会を見ると、この状態です。電車に乗ると、ほとんどの人はケータイに夢中になり、前に老人がいても、障がいのある人がいても気がつきません。母親は子どもが何か話しかけても、ケータイから目を離そうとしません。いつのまにかわたしたちは「自己中」になってしまっているのです。人とのかかわりが希薄になっている社会が生み出すものは、孤独といのちの軽視です。いのちは相互にその温かさと優しさを伝えあうことによって育っていくものです。その流れが，ケータイで断ち切られている現実を目にします。あり余るほどの情報だけに囚われて、人として生き生きとした交流がない、殺伐として、冷たい社会になりつつあることに気がつかないわたしたちになっていないでしょうか。

シスターでさえも！　自己中に陥っていることがあるのを意識しましょう。真《ま》面目《じめ》であればあるほど、人は自分に集中しやすいのです。イエスに従って生きたいと願ってシスターになったのですから、イエスの目で周りを眺め、イエスのように人に関心をもち、イエスのように積極的に人にかかわっていくこと。この辺りがこれからのシスターに求められる姿ではないでしょうか。

9章　世界と連帯して生きるシスター

ここまでは使徒的女子修道会のシスターの歴史、生活、働きなどについて共通していることを総合的に記してきましたが、最後に、シスターたちがどのように世界と、他の国の人々と繋がってきたか、今どのように繋がっているか、そして、将来どのように繋がっていくかについて触れたいと思います。

現在、わたしたちの生活は世界との連帯なしにはありえません。日本は今でも世界との繋がりが貿易中心になっていて、他の国々に依存しなければならない状態ですが、それはあくまでもモノの世界でのことであって、一番大切な他国とのかかわり、人間レベルでのかかわりについては、いつまでも不器用な関係しかもてません。このような状態は政治レベルでも、一般の人々のレベルでも言えることではないかと思います。今、伝統的なと言ってもいいこの不器用さから脱出しなければ！、という強い意識が、心ある人々のなかにあるように思います。

◉修道会はもともと世界と連帯していた！

シスターの世界を見ると、とくに今若い世代に属しているシスターたちは、それぞれの国や地域のなかで、仲間のシスターが非常に少なくなってきている現実を見て、他の世界にいる同世代の仲間たちとのコミュニケーションをより緊密にもちたいという希望が出てきています。これはいくつかの修道会ですでに出ていますし、そのために具体的にも取りかかっている大切な課題です。

そこで必要とされるのが言語の習得です。国際語である英語は最低限度マスターすることが求められるでしょう。そのために海外に出かけたり、日本で学習できるところを探したりしながら、努力が始まっていますし、修道会はそのための養成を大切にしています。しかし、世界にいる人々との連帯、かかわりに求められることは「英語」だけではありません。

世界と連帯して生きるシスターの姿が将来にわたってますます必要になっていくことを考えながら、浮かんできた思いは、「カトリックの修道会はもとから世界と連帯していた！」という事実です。長い船旅でやっと日本に到着したシスターたちが、日本での宣教や、日本人の会員を育てることを考えた時、どれほどの勇気が必要だったことでしょう。どれほどの信仰が求められたことでしょう！一番初めに日本に来て、修道院を創設したのは鎖国が解かれて間もなく（一八七二年〜一八七八年）でした。その時到着したのは、フランスの各本部から送られた幼きイエス会、ショファイユの幼きイエズス修道会、シャルトル聖パウロ修道女会でした。その後たくさんの修道会がヨーロッパ、アメリカ、オーストラリア、南アメリカなどから派遣されてきました。

どの会でもすぐに取りかかったのは、家探しから始まって、自分たちの生活を整えること、そして、日本語を習うことでした。畳の部屋に靴のまま入ってしまったり、椅子のない部屋で食事をするのもさぞかし苦痛だったことでしょう。あるシスターは買い物に行って、日本語で「主人はいるか？　ラッパはあるか？」と言って、お店の主人を驚かせたそうです。このシスターは兵隊さんたちのための日本語テキストで習ってしまったのです。因《ちな》みにラッパというのは目覚まし時計のことです。これらのたくさんの小さな困難を乗り越えながら、彼女たちが真っ先に取り掛かったのは、「日本人のシスターたちを育てること」でした。入会希望者がけっこう早い時期から出たことも興味深いことです。迎えるほうも、迎えられるほうも、片言の日本語と片言のフランス語、英語、スペイン語だったでしょう。どちらにしても語彙《ごい》が少ないので、必死に相手に伝えたでしょうし、それを聴く側も、そのシスターの顔の表情をじっと見て、声も聴き逃さないように、全身で聴いたのではないでしょうか。

あの時代からすでに百五十年近くたっています。その間、どの会も、どの会員も国際的な体験をたっぷりしていることは事実です。正しいフランス語や正しい英語ではなくても、また日本人のシスターが言う日本語が全部わからなくても、そこで言われている修道会の精神や修道生活のもっとも重要なことをしっかりと教育したこと、されたこと。それを入会したばかりのシスターたちが、しっかりと理解したことにより、日本での修道生活を営む素地がそこで築かれていったのです。日本のシスターとしてもしっかりとその中身を自分たちのものにしていったのです。その結果は今日本にある使徒的修道会とその会員たちの働きや生活をみれば頷《うなず》けることです。

まったく違う文化や習慣をもっている外国人の会員と、日本の文化、習慣のなかで育った会員とのあいだで、互いに譲り合えないこともあったでしょう。しかし、そのたびに、今、その状態のなかで、イエスがいたらどのようにしたのかと祈りながら乗り越えていったのかもしれません。「互いにわかり合う」ことはもちろん大切ですが、そこにいつもわからない部分があることを受け入れていくことも大切です。そのような曖昧《あいまい》さを残してのかかわりであっても、ほとんどの外国から来たシスターがたは最後まで日本を心から愛していたと思います。日本のシスターとしては、外国のシスターから、自分をしっかりともって、それを他者に表現すること、他者への思いやりなどなどを学び、習得していったのです。そして、だれにとっても、もっとも大きく影響を受けたのは、彼女たちの「信仰」の深さ、強さ、堅固さだったのではないかと思いますし、そこから自分の信仰の在り方を確かめていったのではないかと思います。

これから使徒的女子修道会に求められる国際性は、以前とは違って、もっと個人的な仲間とのかかわりがより大切になってくるでしょう。国際修練院とか国際的な集まりなどが中心になるでしょうが、そこで求められるものは何でしょうか？　言葉を越えて、一人ひとりに働く霊をとおして、わたしたちが目指している修道生活の真髄をつかむことと、相手からよいものを学ぶ態度が大切になるでしょう。

◉宣教地に生きるシスターの日記から

今までは外国からシスターたちが日本に来て、日本の人々のなかで働いてくださっていましたが、その事情も変わって、これからは日本から外国で必要とされていることに応えるシスターたちが求められるでしょう。すでに日本から外国宣教のために出かけていき、そこの人々のなかで完全に自分を投入して働いたシスター、または今でも働いているシスターは数えきれないくらいいます。そのシスターたちの場所も働きも多様ですが、その多くはアフリカの国々やアジアです。その修道会から派遣される場合は、現地の共同体に送られて、そこの人々のなかに入って働くか、あるいは日本のシスターたちが複数で送られて、その地で共同体を作り、働く場合もあります。

そのシスターたちの体験は、日本では想像できないような環境のなかでの働きですし、国によっては、絶えず紛争に巻き込まれる危険をはらんだ地域でもあります。しかし、そこの人々とシスターたちとのかかわりは、常に生き生きとしていて、心に残る出会いを体験する場でもあります。ここでは実際にアフリカで働いた一人のシスターの姿を紹介してみたいと思います。それをとおして、世界と連帯しているシスターがどのように生き、働いたかを理解していただけると思います。

彼女が自分で書いたもの「希望に支えられて—チャド十一年間の足跡」からの抜粋です

一九九〇年九月三日　パリ発の飛行機でチャドの首都ンジャメナに到着。それから二カ月経ちました。突如大竜巻が起こり、砂埃で前方が見渡せないほどでした。その後すぐに乾期に入ります。もう断水、節電が始まっています。来年の六月まで徐々に潤いのない茶褐色の大地に変わっていくそうです。

一九九四年十月　ンジャメナから不毛に見える灼熱の大地、九時間の荒野の旅、希望がないかに見えるところに希望をかけてやって来たモンゴーの町。岩山に囲まれた砂地、ここでいったい何ができるか、との自問から出発してはや二年が経過しました。心理学とか教育学だのいっさいの学問もなくやって来て、一期一会の子どもたちとの体当たりの毎日です。汚れたぼろを身にまとった子どもたちですが、チャドの太陽のように生き生きとした瞳と、その生命力に勇気づけられるわたしです。

まず一年目は、ゲラ地方の生活環境下で子どもたちがどのような生活を営み、感じて生きているか、創作活動を通じてわたし自身が学ぶことから始めました。ある日わたしは子どもたちにマッチ箱に折り込んだ長い紙を渡し、しばらく目をつぶってから、生活のなかで経験していることを順を追って書いてもらいました。この絵をとおして、子どもたちとのコミュニケーションが始まりましたし、家庭訪問をすることもできました。

今年は上級生のために改良窯を作り、出来上がった窯で給食作りをします。そのほかに校庭の真ん中に木を植えて、希望のシンボルにしようと思います。授業の前に子どもたちはバケツ一杯の水で全員が手を洗いますが、その水を授業の終わりに校庭にあるこのアカシアの木にかけてやるのです。

こちらチャドでは、乾期末は飲み水も欠くほどの井戸涸《か》れでしたが、雨期は三十年来の多雨量で、サヘル地帯ゲラ地方の荒野と砂漠を緑一色にしました。突然荒野に激流の川ができ、旅行中の車はしばしば立ち往生しました。砂泥で造られた家や小屋は溶けて流され、穀物が洪水にのみ込まれるなど、大陸の孤島となった厳しい飢饉《ききん》のなかでの雨季を過ごしました。日ごろはどこでても聴こえていた臼と杵で穀物ミルを挽《ひ》く音も途絶え、多くの人はサボニエの木の芽といばら、木の根っこなどを石と石で擦り合わせて粉にしたものを汁にして食べ、いのちを繋ぎ、飢えをしのんでいました。

二〇〇一年七月　今朝家を出た時、工事中の道があり、その様子は昨日とはまったく違っていました。でこぼこ道、たくさんの轍《わだち》の跡がついたぬかるみを渡って、数百メートル離れた本道まで出て行きました。チャドのわたしの十一年間に及ぶミッション生活もこんな感じでした。来る日も来る日も通った道、しかし、いつも変化と驚きが絶えることなく、一通りの道筋に縛られることなく、時折不安にさせられることもありながら、しかし、いつも喜びに溢れて生きてきました。

主がいつもわたしに取るべき道を示してくださり、わたしはただその足跡について行っただけです。たとえ、その道がどんなにでこぼこで、時に険しい坂道や急なカーブであっても。

チャドの生活で、わたしには二つのハンディがありました。ひとつは、背がとても低いことです。子どもたちによく「チビおばちゃん」と言ってひやかされましたが、わたしはこの事実を受け入れていました。他のシスターたちと外出する時は、わたしは皆よりいつも五歩後ろにいました。でも、ちゃんと目的地に着きましたよ。山道は任せてください。頂上にはわたしがいつも一番で、しかもしばしば頂上までいけるのはわたし一人でした。

もう一つのハンディはフランス語。わたしのお粗末なフランス語ではよく誤解を引き起こし、シスターたちの神経にも障ったようです。時には、質問したり、自分の意見を言う方策をみつけるために二日もかかることもありました。言われていることに対して、適切に反応していない、と皆は思ったでしょうが、その時わたしは、頭を越える言葉の大海原を、アップアップと泳いでいたのでした。そうでなければ、完全に溺《おぼ》れていたところです。でも国際的な共同体で生活できたことは大きな特権でした。フランス語がお粗末なのに、チャドの人々と心身ともに、深いレベルで交流できたのは、奇跡だと言えるでしょう。

わたしがチャドを去るのは、疲れや落胆によるものか、とよく人に訊《き》かれます。とんでもない！　わたしは元気で幸せで、希望に溢《あふ》れてチャドを去るのです。もし、わたしが疲れて悲しい顔で日本に帰ったら、だれもわたしに代わってチャドに行こうという気を起さなくなったら困るでしょう！　それにわたしは完全にチャドを去る訳ではないのです。わたしの心はいつもチャドにあり、今度は日本から別の方法でチャドの人々を支えていくつもりなのです。デオ　グラチアス！（神に感謝！）

このシスターが最後の項で書いているように、彼女は帰国後も、機会があればチャドでの体験を日本の人々に伝えています。チャド滞在中はここで言い表すことができないさまざまな困難があったでしょうが、彼女が神さまから与えられている尽きないエネルギーと熱誠で乗り越えてきたことは確かです。

日本ではあまり馴染《なじ》みのないチャドですが、この小さな日本人のシスターをとおして日本を知ったチャドの子どもたち、若者たちは、チャドを心から大切なところとして愛してくれたシスターのことは忘れてはいないと思います。世界との連帯はこれからますます必要になってくるでしょうが、その連帯は国と国との連帯というよりも、個人と個人、グループとグループとの日常生活でのかかわりに重点が置かれるでしょう。各自の自由と自発性をもった連帯、支援、共存になっていくことが求められています。その面でもシスターたちの存在をこれからも続けていけるようにと、心から願っています。

第Ⅱ部……日本の女子修道会・在俗会の紹介

愛徳カルメル修道会

§創立の由来・使命と目的

創立者、聖女ホアキナ・デ・ベドゥルナは、当時のフランス革命のあおりを受けて宗教迫害、聖職者の暗殺、修道会強制閉鎖、さらにペストなどの疫病の流行で荒廃するスペイン社会の現実を眺め、指導司祭と共に神のみ旨を祈り求めた。そして「神のみ栄と隣人の善のために」女子教育と病人看護をおもな使命とする修道会を創立した。結婚と子育ての経験をもつ創立者、階級制度のない新しい修道生活は、当時としても教

①創立年　②創立国　③創立者　④日本の本部

①1826年　②スペイン　③聖女ホアキナ・デ・ベドゥルナ
④〒655-0039　兵庫県神戸市垂水区霞ヶ丘7-4-4　Tel：078-707-3116　Fax：078-707-3226　http://www.vedruna.or.jp/

会の歴史の中でも非常に珍しいことであった。家庭生活の中で培われた創立者の豊かな母性と円熟した人間性は、修道会に、単純で明るい家庭的な雰囲気を与えた。指導司祭、聖アントニオ・マリア・クラレットは「彼女たちの間では、福音的貧しさ、祈り、愛徳が力強く息づいています」と証言している。

私たちは時代や場所の状況に応じて創立者の使命を実現したいと願う。現代社会は弱い立場の人々を極限に追いやり、生命を軽んじる。私たちは「命を育み、擁護する」という創立者の心を大切にし、必要に迫られている人々と共に歩みながら、神の国の建設に協力することを目的として生きている。

§おもな使徒職

教育（幼・小・中・高）、小教区での奉仕、老人・病人・少年院・刑務所訪問、船員司牧、滞日外国人司牧。

愛の十字架修道会

§創立の由来・使命と目的

愛の十字架修道会はランベール司教により、一六七〇年、ベトナムのホーヒィンで、キリストに倣って、貧しい人や不幸な人々のために働くという目的で創立されました。ランベール司教は一六四二年にフランスのリジューの貴族の家に生まれましたが、その裕福な環境を捨て、十字架につけられたキリストに自己を奉献し、キリ

①創立年　②創立国　③創立者　④日本の本部

①1670年　②ベトナム　③ペトロ・マリア・ランベール・デ・ラモット司教　④〒870-0035　大分県大分市中央町 3-7-30
Tel/Fax：097-599-5263

ストの苦しみをいつも忘れずに生きた人です。

私たちは、修道会の目的である聖なる十字架の神秘を生き、キリストの苦しみにあずかりながら、祈りの生活をしています。毎日、「キリストよ、あなたは尊い十字架によって全世界を贖《あがな》われました。私はあなたの十字架を崇《あが》め、あなたに感謝します」と唱えています。

ベトナムには創立以来、同じ目的をもつ独立した修道会が二十四あります。その中の一つである私たちの修道会は、一九五五年にベトナムのニャチャンで創立され、教会奉仕と、社会福祉としては高齢者のため、幼稚園、障がい者や保護者のいない子どもたちのお世話をしています。

二〇〇八年に、当時の大分教区長の招きにこたえて来日しました。

§おもな使徒職

現在、大分と福岡に修道院があり、教会への奉仕と幼稚園で働いています。

アシジの聖フランシスコ宣教修道女会

§創立の由来・使命と目的

はかなく終わるものに惑わされることなく、限りない未来を眺めなさい。苦しみはわずか、喜びは永遠、報いは神ご自身です。

（創立者マルケセッリ神父の言葉）

一七〇二年に、聖フランシスコの生誕地アシジで摂理的に創立された、アシジの聖フランシスコ宣教修道女会は、二百年間はアシジの町にのみとどまり、聖フランシスコ律修第三会会員

①創立年　②創立国　③創立者　④日本の本部

①1702年　②イタリア　③ヨゼフ・アントニオ・マルケセッリ神父とシスター・アンジェラ・デルジリオ　④〒120-0003 東京都足立区東和4-10-13　Tel：03-3605-4070　Fax：03-3605-8709

として、人々や女子の教育、信心会への奉仕に専念していました。その後、当時の教皇の望みに応え、一九〇二年に東欧の諸国、ギリシャ、トルコ、ルーマニア、アルバニアに宣教、教育や福祉活動をしていましたが、社会主義の台頭により、引き上げなければなりませんでした。その間にイタリア国内には共同体が多数設置され、一九五七年以降には態勢を整えて、オーストラリア、日本、ブラジル、ザンビア、アメリカなどに会員が派遣され、現在は世界の中の二十カ国において、教会のさまざまな状況に応じて、どこででも会員たちの働きが必要とされている場所で働いています。女性や子どもたちへの福祉、青少年たちへの教育、老人や病人の訪問の奉仕など、共に生活を分かち合いながら、聖フランシスコの精神に従い、キリストの愛のみ教えを伝えつつ、福音の道を共に歩んでいます。

§おもな使徒職

小教区での奉仕（典礼や教理教授）、モンテッソーリ教育法による乳幼児教育および援助の必要な家庭へのかかわり、滞日外国人への日本語教育、和太鼓グループをとおしての小学生たちの情操教育と、地域との交流。

アトンメントのフランシスコ女子修道会

§創立の由来・使命と目的

アトンメントのフランシスコ女子修道会は一八九八年、聖公会の牧師であったポール・ワットソン師と、同じく聖公会の修道女であったマザー・ルレーナ・ホワイト・メリーが協力して創立した聖公会の修道会でしたが、一九〇九年に団体でカトリックに改宗し、時の教皇ピオ十世によってローマ・カトリック教会に受け入れられた会です。

神の呼びかけに応えて、創立者はアシジの聖フランシスコの共

①創立年　②創立国　③創立者　④日本の本部

①1898年　②アメリカ　③マザー・ルレーナ・ホワイト・メリー　④〒242-0006　神奈川県大和市南林間9-8-28　Tel：046-276-6481　Fax：046-204-6684

同的清貧を生きるためにフランシスコ律修第三会に属し、〝アトンメント〟すなわちキリストの受難と十字架による救いを意味する贖《あがな》い、和解、一致を果たす厳しい会憲をもっていました。

第二バチカン公会議後は、教会の変化も受け、苦行や償いや服装などが緩和され、会憲も改訂されました。しかし、どの時代にあっても主の愛と喜び、平和を人々に伝え、主キリストの救いを世に示すことに変わりありません。清貧、貞潔、従順の三誓願に生きて、「みなが一つになるように」祈り、分裂した教会に一致をもたらすよう、主イエスが死の寸前に祈られた祈りを祈り、生きる目的としています。

§おもな使徒職

その国の必要に応じた働き。日本では現在、日曜学校、求道者の要理教育、信徒の世話など、小教区での奉仕をしています。

イエズス孝女会

§創立の由来・使命と目的

創立者は名をホアナと呼ばれ、貧しく素朴な家庭で深い信仰と弱い立場の人々への敏感さを身につけて成長し、ひたすら神の望みたもう道を求め続けておりました。

一八六九年のこと、強い光に照らされ心の燃える祈りの中で、神は自ら彼女の志すべき道を示されたのです。女子教育をとおして人々の善のためにささげる修道会を創立すること、会の名は「イエズス孝女会」とすることを。同時に神の計らいによるイエズス会エランス神父の導きと、神のお望みは必ず実現するという彼女の絶対的信頼によって道は開かれ、一八七一年、五人の同志ととも

①創立年　②創立国　③創立者　④日本の本部

①1871年　②スペイン　③イエスの聖カンディダ・マリア
④〒240-0114　神奈川県三浦郡葉山町堀内1968　Tel：046-875-0459

にサラマンカに会を創立し、修道名をイエスのカンディダ・マリアと改めました。

イエズス孝女会は、その名のとおり、イエスの娘として聖母の御保護のもとに常にキリストを中心におき、子としての信頼と忠実をもって、神の栄光と隣人の善とを推進するため、教会におけるキリスト教的教育の使命に貢献しつつ、世界に福音をのべ伝えます。

そのために清貧、貞潔、従順の三誓願と共に、必要とされる世界のいかなる所にも行く応需性の誓いを立て、自己の聖化に努め、任せられた使命への貢献を実現させます。

§おもな使徒職

日本には、一九五一年、二人のスペイン人が派遣され、現在神奈川県葉山、東京練馬区、島根県松江、群馬県前橋、茨城県常総に活動地域を広げ、国際色豊かなメンバーをもって人々の善を求めて、幼児教育、学校教育、教会司牧活動をはじめ、弱い立場に置かれた人々を心に留めながら、必要とされるところでの援助活動、信仰教育の促進などに力を注いでおります。

イエズス聖心侍女会

§創立の由来・使命と目的

イエズス聖心侍女会は慈愛深き三位一体の神の栄光を顕揚して、この世にイエスの聖心のみ国が来ますように、一九三五年に韓国の永川（ヨンチョン）という小さな町で、フランス人であるルイ・デランド神父によって創立されました。

「人の子は、仕えられるためではなく仕えるために来た」と言われた主のみことばに基づき、「主の手の中の道具」というモットーで、世の中で最も絶望的な疎外された人に、慈愛深き神の愛

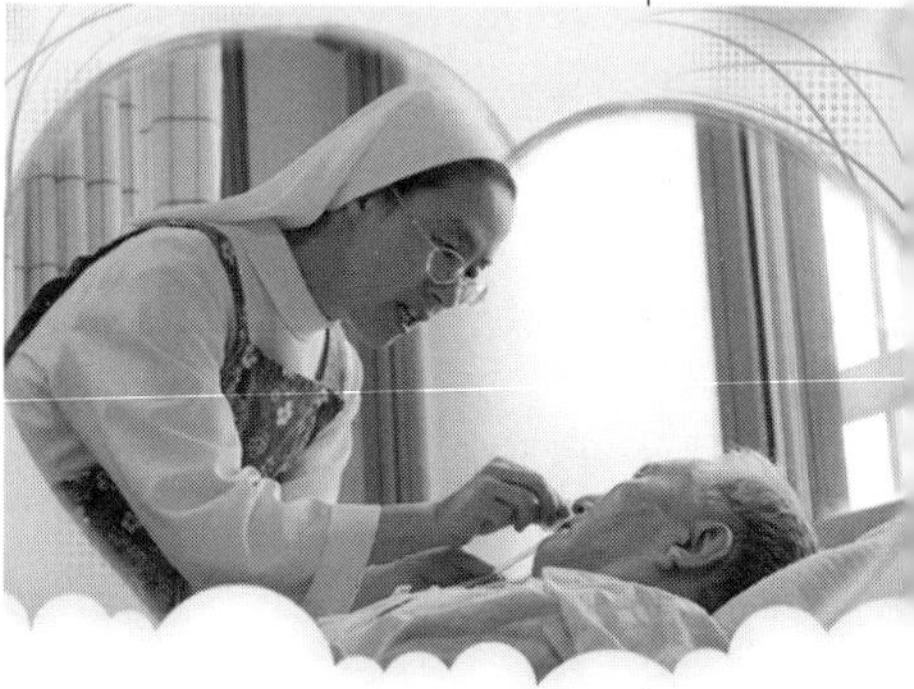

①創立年　②創立国　③創立者　④日本の本部

①1935年　②韓国　③ルイ・デランド神父　④〒112-0014 東京都文京区関口3-16-15　カトリックセンター3階　Tel：03-6912-2122　Fax：03-3941-3299

を実践したイエスの聖心を伝える召命を生きています。

神の、より大いなる栄光と人の救いのために、私たちの助けを必要とする人のいるところにはどこにでも派遣され、真の愛で奉仕することを願った創立者の渇望のとおり、世界のどこでも、神のあわれみを伝えています。

本会は韓国に総本部を置き、六百六十人余りの会員が、韓国内では小教区宣教、社会福祉、医療、幼児教育、黙想の家で奉仕し、十カ国で海外宣教を続け、神のことばを広め、イエスの聖心の愛を伝えています。

§おもな使徒職

来日して約三十年になりますが、現在は東京カテドラル内に支部を置き、韓人教会への協力者として派遣され働いています。

イエスのカリタス修道女会

（旧宮崎カリタス修道女会）

§創立の由来・使命と目的

一九二六年、ヴィンチェンツォ・チマッチ神父を団長としたアントニオ・カヴォリ神父を含む九名のサレジオ会宣教団が来日。宮崎教会において、社会の中で最も貧しく小さな人々に愛の手を差し伸べる教会活動を活性化。さらに神の摂

①創立年　②創立国　③創立者　④日本の本部

①1937年　②日本　③アントニオ・カヴォリ神父（サレジオ会会員）と、ヴィンチェンツォ・チマッチ神父（サレジオ会会員）の共同創立　④〒167-0021　東京都杉並区井草4-20-5　Tel：03-3396-2171　Fax：03-3396-2150　http://www.m-caritas.jp

理への深い信頼のうちに、身寄りのない高齢者や子どもたちのための総合福祉施設「救護院」（後のカリタスの園）を設立。

この愛の事業は、カヴォリ神父が結成した「愛子会」会員（ヴィンセンシオ会の女性信徒）の献身的な奉仕に支えられていたが、第二次世界大戦の兆しが見え始めた一九三七年、上長であったチマッチ神父の勧めに従って本修道会を設立。

本会員は、聖ヴィンセンシオ・ア・パウロと聖ヨハネ・ボスコの精神に倣い、すべての人、特に貧しい人、苦しんでいる人に対するイエスの憐れみ深い愛を証しする使命を遂行する。

§おもな使徒職

社会福祉、教育、医療、小教区での奉仕。

イエスの小さい姉妹の友愛会

§創立の由来・使命と目的

二十世紀初頭、唯一の模範イエスに倣おうと、アルジェリアのサハラでイスラムの遊牧民の中で祈り、生きたシャルル・ド・フコー。新しい観想生活のインスピレーションを残した彼の後に続こうと、彼の死後まもなく幾つかの修道会が誕生した。

「神が手を取られたので目を閉じて従った」小さい姉妹マドレーヌによって芽吹いた本会は、兄弟シャルルが追い求めたナザレのイエスの霊性に加え、ベツレヘムの幼子イエスの霊性をいただく。

①創立年　②創立国　③創立者　④日本の本部

①1939年　②アルジェリア　③小さい姉妹イエスのマドレーヌ（マドレーヌ・ユタン）　④〒358-0014　埼玉県入間市宮寺2837　Tel：04-2935-1870　Fax：04-2935-1871

ナザレで慎ましい労働者として生きたイエス、もっとも小さく貧しい姿を取られたイエスと共に生きるため、社会の周辺に追いやられている人々の環境に入り、イエスを観想し、友情によってイエスの愛を伝え、イエスの愛における一致を生きようとしている。創立当初はイスラム教徒の遊牧民のためにささげられていたが、のちに全世界六十数カ国に広がり、日本には一九五四年に創立された。日本には現在、六カ所に友愛《フラテルニテ》の家がある。

§おもな使徒職

姉妹たちは三～四人の共同体、たいていは借家で小さい家に住み、日常の生活の中で、人々の中で神を観想する。生活の糧を得るために働き、近所や職場でのかかわりの中で、イエスのみ顔を探し求める。現在姉妹たちは介護ヘルパー、掃除、工場などの仕事、また最近では、高齢の姉妹たちは介護サービスを利用し、そこで新たな出会いも生まれている。

いつくしみの聖母会（在俗会）

§創立の由来・使命と目的

本会は、教皇庁直轄の在俗会です。イタリアのマチェラータ教区司祭フィリッポ・ピッチニーニ神父によってマチェラータ教区に創立されました。

創立者は、聴罪司祭として霊的指導を続けるうちに、奉献生活を望みつつも家庭の事情や病弱のため、その他の理由のために、望みを果たせない女性たちが多いことを知って、社会の中で、

①創立年　②創立国　③創立者　④日本の本部

①1924年　②イタリア　③フィリッポ・ピッチニーニ神父
④〒874-0841　大分県別府市竹の内 4-1　Tel：0977-23-9334
Fax：0977-23-9381　http://misericordia.hateblo.jp/

置かれた場所で、神に完全に身をささげる道を開くために力を尽くしました。

会員は、福音的勧告に従って、貞潔、従順、清貧の誓願を守り、神に完全に奉献した生活を目指します。

その目的は、社会の中でキリスト教生活のパン種として生きることです。病弱であっても、世のために祈り、自らの苦しみをささげます。人々に代わって三位一体の神に礼拝と賛美をささげ、償いを果たします。社会人として職業につき、自立して働きます。家族と共に、その世話をしながら生活します。会の家で、家族的共同生活をしながら、会の事業や宣教に従事することもできます。

§おもな使徒職

会の本部では、地域の必要に応えて、児童館を経営しています。

援助在俗会

§使命と目的と使徒職

援助在俗会は、共同生活ではなく、一人ひとりが自立した生活をしながら、職業をとおして召命を生きる会で、援助修道会の在俗の枝として存在しています。

会員は、創立者・み摂理のマリアのカリスマと聖イグナチオの霊性に基づき、毎年、黙想と二回の研修会、そして会員間の霊的きずなによって、いっそうキリストに生きる者となるよう、生涯にわたって養成されます。日本のほか、ヨーロッパとラテン・アメリカに散在しています。

具体的には、洗礼の恵みに感謝し、それぞれが置かれた社会の

①創立年　②創立国　③創立者　④日本の本部

①1962年　②フランス　③福者 み摂理のマリア（シスター・ウージェニー・スメット）　④〒162-0843　東京都新宿区市谷田町 2-24　援助修道会気付　Tel：03-3269-3285

場で、目立たず、練り粉の中のパン種のように生活しています。そして、三つの誓願（清貧・独身・従順）によって生涯を神に奉献した者として、日々の出来事や出会う人々の中に聖霊の呼びかけを見いだし、より多くの人々がキリストと出会えるように手伝うことを目指します。

なお、生涯にわたり、自身の生計に責任を持つことが求められます。

援助修道会（煉獄援助修道会）

§創立の由来・使命と目的

北フランスのリール郊外に生まれ育ったウージェニー・スメットは、「戦う教会（この世の教会）のためには数多くの修道会がある。しかし苦しみの教会（死後、清めを受けている霊魂たち）に熱誠と愛徳の業によって余すところなくささげられた修道会は一つも」なく、この足りないところを補うよう招かれているのは自分であるとのインスピレーションを受け、一八五六年一月十九日、パリで本会を創立しました。

会の目的は「神のいっそう大きな栄光のために、死を通過して

①創立年　②創立国　③創立者　④日本の本部

①1856年　②フランス　③ウージェニー・スメット　④〒162-0843　東京都新宿区市谷田町2-24　Tel：03-3269-3285　Fax：03-5261-4331　http://auxijapon.com

清めを受けつつある人々においてイエス・キリストが果たしておられる解放の業に、余すところなく自己を奉献すること」(会憲12条)ですが、これには、社会における多様な使徒職への献身が含まれています。それは、会のカリスマの核をなす「聖徒の交わり」が、生者と死者の間での連帯と同時に、この地上に生きる全ての人との連帯に会員を招くからです。会員たちは、全ての人々が「創造された目的に達するまで手伝う」ことを使命とし、「善いことなら何でも手伝う」という創立者の精神に基づき、二十四カ国で「欠けたところ」を補い「忘れられた人々」と連帯することを目指して働いています。

§おもな使徒職

会員それぞれがいただいている賜物に従いつつ、社会の必要性や時のしるしに応えるべく、各自、多様な使徒職に従事しています。例えば、日本では、幼稚園から神学校・大学までの教育、小教区での宣教司牧、医療関係、ホームレス・精神障がい者・アルコール依存症・同性愛者・滞日外国人・難民といった人々への支援、高齢者の介護などの使徒職をしています。

援助マリア修道会

§創立の由来・使命と目的

一八五四年、時代の要求を察知したマリ・テレーズは、南フランスのカステルノダリに「援助マリア修道会」を創立した。「援助マリア」の名は、イエズスを観想し礼拝するマリア、小さく貧しい人々に仕える援助者であれとの会の特徴を表している。若年労働者、特に勤労女性に対する援助の必要に気づき「家族の家」と呼ばれる寮や、ヨーロッパで初めてのサナトリウムを設立し、共助組合や保険制度を創始するなど、先駆的活動を行った。特定の使徒職ということではな

①創立年　②創立国　③創立者　④日本の本部

①1854年　②フランス　③福者マリ・テレーズ・ド・スビラン　④〒721-0975　広島県福山市西深津町 3-4-2　Tel：084-925-2981　Fax：084-973-2114　http://www.maria.or.jp/

く、創立当初より、自分たちの立場でその力に応じて人々への奉仕・援助することをめざしている。

一九四六年、創立者の列福を機に日本への創立が決まった。広島県福山に女子教育のために暁の星学院を創立し、青少年の信仰の目覚めのために働いている。現在ポンペイ・韓国・フィリピン、ヨーロッパ、カメルーンなどの地域社会の中で小教区での奉仕、援《たす》けを必要とする人々への奉仕、祈りの同伴などを行っている。修道院の火事の出来事以来始まった夜間の聖体礼拝は、当会の聖体的生き方と清貧への招きの起源となり、聖体礼拝はすべての面において、使徒的修道生活と切り離しえないものとなった。現在も各修道院で聖体礼拝が行われている。

§おもな使徒職

各地区小教区での司牧的協力、海外移住移動者、山谷での奉仕、ケースワーカー、祈りの同伴、福山暁の星学院での教育。

王たるキリストの在俗布教会

§創立の由来・使命と目的

キリストご自身が生命を賭《か》けて、こよなく愛された地球、そこに住む数十億の人々、この人々にキリストは、父なる神の現存・支配・愛を伝えたいと熱望し、聖霊をとおして日夜働いておられます。このキリストの熱い願いに「私もお使いください」と、自分の生涯を道具として、さし出して生きる女性たちがいます。彼女たちは、自分の職業、地域、共に生活している人々との連帯を大切にし、置かれた生活状態のまま、社会の中から神の支配する愛の王国を実現するための献身をするのです。

①創立年　②創立国　③創立者　④日本の本部

①1919年　②イタリア　③アウグスチノ・ジェメリー神父（フランシスコ会会員）　④〒106-0032　東京都港区六本木4-2-39　フランシスコ会本部　聖ヨゼフ修道院気付　Tel/Fax：027-237-0616

会員は、社会のどこでも自分の生活の場、布教の場が与えられています。教師、医師、公務員、看護師、保母、事務員、芸術家、ケース・ワーカー等々。人間生活のあるところ、どこでも神は招いておられるからです。そこで会員に望まれる条件は、健康な体力と健全な精神、特に自活できる成熟した女性であるということです。

創立者、ジェメリー神父がフランシスコ会会員でしたので、私たちの会は、アシジの聖フランシスコの霊性によって導かれています。

（写真は初代会長のアルミダ・バレリー）

§おもな使徒職

自分が置かれた場で宣教する。

大阪聖ヨゼフ宣教修道女会

§創立の由来・使命と目的

第二次世界大戦直後の低迷混乱した状況のなか、人々の生活は困窮を極め、心のよりどころを失い、生きる意味と目的を探し求めていました。そのありさまに強く心動かされた創立者は、福音宣教による真の救いの喜びと解放を願い、「今こそ、聖なる司祭が求められる時」、その司祭のために祈り、協力し、神と人々のために全生涯を賭《か》けて生きる修道女の必要を感じ、大阪聖ヨゼフ宣教修道女会を創立しました。

「聖ヨゼフの精神を持って、大司祭イエス・キリストに自己を奉献し、その司祭職に奉仕すること」（会憲3）を会の目的とします。また、「司祭的使命に生きなさい。神を知らない人々に、真の

①創立年　②創立国　③創立者　④日本の本部

①1948年　②日本　③田口芳五郎枢機卿　④〒562-0023　大阪府箕面市粟生間谷西6-19-1　Tel：072-728-8768　Fax：072-728-9084　http://www.ossmj.org/

神との出会いの喜びを伝えなさい」（創立者の言葉）をモットーとしています。

教会の保護者聖ヨセフは、マリアとともにイエスを守り、育て、自分を無にして、救いのみ業に協力され、その生涯をささげつくされました。この聖ヨセフの精神にならい、特に、ゆるぎない信仰、み旨に対する従順、けんそん、愛によって自分自身を人々のためにささげます。

神と人類との仲介者・かけ橋として、ご託身のときから十字架上の死にいたるまで、すべてを明け渡されたイエス・キリストは、今も社会の中にあるさまざまな叫びをおん父に取り次いでおられます。この大司祭キリストとともに、人々の救いと幸せのために祈り、働くことによって、会の使命（カリスマ）を生き続けます。

§おもな使徒職

毎朝、意向に合わせ司祭のために一日を奉献する。

共同宣教司牧、洗礼・初聖体の準備などの教会奉仕。教育（保・幼・小・中・高）。病院・老人保健施設での奉仕。

幼きイエス会（ニコラ・バレ、旧サンモール会）

§創立の由来・使命と目的

貧富の差の激しかった十七世紀のフランスで、経済的に厳しい状況に置かれた家庭の子どもたちの教育が社会のだれからも顧みられていなかったことに心を痛めたバレ神父は、彼らが神の子の尊厳にふさわしく育つのを助けるため、無料の小さな学校（今日の家庭塾のようなもの）を始めた。その学校の女教師たちのグループが、幼きイエス会の原型である。「イエス・キリストは、『私の名のため

①創立年　②創立国　③創立者　④日本の本部

①1666年　②フランス　③福者ニコラ・バレ神父（ミニム会修道士）　④〒102-0085　東京都千代田区六番町 14-4　Tel：03-3265-9718　Fax：03-3556-8477　http://www.ijnico.or.jp/（日本語）　http://www.infantjesussisters.org/（英語・フランス語・スペイン語）

に一人の子どもを受け入れる者は、私を受け入れるのである』と言われた。また、『最も小さい、最も貧しい者の一人にしたことは、私にしたことである』とも言われた。したがって、貧しく、うち捨てられた子どもを受ける者は、まさに、イエス・キリストご自身を受けることになる。これこそ、本会の第一の、そして主要な目的である。」（ニコラ・バレの言葉）

今日、会員は、世界十六カ国で、社会の変化に合わせて変えるべきものと変えてはならないものとを見分けながら、「すべての人々、特に貧しい子どもや若者たちが、イエス・キリストにおいて現された神の愛を知り、その人らしく生き生きと成長していくよう、共に歩む」という使命に生涯を賭《か》けている。

§おもな使徒職

信仰教育、聖書講座、カウンセリング、ソーシャルワークなど。

幼き聖マリア修道会

（聖バルトロメア・カピタニオと聖ヴィンチェンツァ・ジェローザの愛徳修道会）

§創立の由来・使命と目的

バルトロメア・カピタニオは、まだ幼少のころから神の声に耳を傾け、「聖人になりたい。偉大な聖人になりたい。早く聖人になりたい」という決意を持って神への道を歩み始めた。

聖クララ会の学園で学んだバルトロメアは、観想生活に心魅かれていたが、自分の周囲には学校に行かれない子ども、親に捨てられた子ども、見守る人もなく打ち捨てられた病人や老人、

①創立年　②創立国　③創立者　④日本の本部

①1832年　②イタリア　③聖バルトロメ・カピタニオ、創立協力者は聖ヴィンチェンツァ・ジェローザ　④〒489-0929 愛知県瀬戸市西長根町 137　Tel/Fax：0561-82-7713　http://www.suoredimariabambina.org（イタリア語・英語）

危険な道に入る女性たちなどが余りにも多くいることに心を痛め、愛の奉仕のやむにやまれぬ必要性を感じた。そして、彼女は社会の中で慈善の業に携わりながら、苦しんでいる人々の中にイエスの姿を観想し仕えるよう招かれていることを確信し、ヴィンチェンツァ・ジェローザと共に「ひたすら愛に基づく修道会」を創立した。二十六歳の若さで亡くなった創立者の意志を受け継ぐ会員は、若者、病人、老人、特に最も貧しい人々、社会から疎外されている人々また、孤独に追いやられている人々に仕えている。

贖《あがな》い主イエスに倣い、「全てを尽くし、全てを耐え忍び、兄弟のために血を流すほど」、歴史の中で愛の奉仕を生き続け、現在世界二十カ国で福音をのべ伝えている。(写真は聖カピタニオ像)

§おもな使徒職

幼稚園から大学までの教育活動、病院、養護施設、更生施設、小教区の司牧活動、イエス・キリストを知らない人々への福音宣教などに従事。

オタワ愛徳修道女会

§創立の由来・使命と目的

オタワ愛徳修道女会は、聖マルグリット・デュービルによって一七三七年に創立されたカナダ、モントリオールの愛徳修道女会から派遣された、エリザベット・ブルイエールによって、当時学校も病院もなく、貧しい人々が多く住む荒廃した町バイタウン（現在のオタワ）に創立された会である。現在カナダ、アメリカ、アフリカ、タイ、ブラジルなど九カ国で宣教している。

①創立年　②創立国　③創立者　④日本の本部

①1845年　②カナダ　③エリザベット・ブルイエール　④〒983-0833　宮城県仙台市宮城野区東仙台6-8-25　Tel：022-256-5279　Fax：022-293-3675　http://www.otawa-aitoku.jp/

本会の霊的特徴は、父なる神の摂理への、信頼に支えられた単純さと即応性、そして神のみ旨の探求にある。多様性の豊かさを尊重する共同生活に養われながら、支えを持たないあらゆる貧しさの中に置かれている人々への奉仕と、真理であるキリストとその福音の価値観に基づく教育が、私たちに委ねられた使命である。

会員は、イエスの十字架上の奉献によって人類を救う神の慈しみに生涯を委ね、生きる力を汲み取りながら、移り変わる社会の中にあって、あらゆる信条の人々と共に真理を求めつつ祈り、働く。

§おもな使徒職

会として事業をもたない私たちは、修道院を人々に開き、神と人との交わりを分かち合うこと、老人ホーム、病院でのパストラルケアワーク、教育の使命などをとおして、本会のモットーである「イエスとその十字架に栄えあれ！」という、自己に死んで神に生きる選びの歩みを日ごとに続けている。

お告げのフランシスコ姉妹会

§創立の由来・使命と目的

一九三三年の鹿児島市は、不作不況の影響で棄児が続出した。フランシスコ会士のガブリエル神父は、在世第三会の女性たちの協力を得て、孤児救済の家、ナザレット寮を創設した。これを聖フランシスコ律修第三会の霊性伝承を受け継ぎ、お告げのマリアの心で神への愛と隣人への奉仕に生きるよう、「お告げのフランシスコ姉妹会」と名付けた。

①創立年　②創立国　③創立者　④日本の本部

①1933年　②日本　③ガブリエル・マリア・ジュセロ・ジュセネ神父（フランシスコ会士）　④〒146-0085　東京都大田区久が原4-2-1　Tel：03-3751-1230　Fax：03-3753-3390

今日の社会で脅かされている命を守り育てることを土台にして、社会福祉事業やキリスト教的幼児教育をとおして宣教に従事し、フランシスコの平和と環境保全のメッセージを地域に発信し、開かれた修道会として、また、次世代に伝えることを目的として体験学習を取り入れている。

§おもな使徒職

幼児教育（幼稚園）、社会福祉事業（児童養護施設・保育所）、司祭の援助、教会奉仕。

その他（フィリピンアライカプアにおける活動。フランシスカンインターナショナルの理念をとおして地域に発信し、地域に根ざした宣教活動をし、次世代に伝えるために体験学習の実施。児童養護施設を十八歳で退所した後の、男女の自立の家の設置運営。無農薬の野菜作りを目指して児童と一緒に畑つくり）。

お告げのマリア修道会

§創立の由来・使命と目的

明治六年、禁教令が解かれ、パリ外国宣教会の司祭たちは迫害ですべてを奪われたキリシタンの信仰と生活の立て直しに着手した。そのころ、長崎近郊の島で流行した赤痢と天然痘の患者の救済に乗り出した宣教会司祭、マルコ・マリー・ド・ロ師は協力者を求めた。呼びかけに応えたのは流刑の「旅」から帰った浦上の女性たちだった。信仰の試練を経て、神への愛と隣人愛に燃えていた彼女たちは、ド・ロ師のよき協力者となった。伝染病は終息しても親を失った子供たちが彼女たちのもとに取り残されていた。彼女たちは孤児

①創立年　②創立国　③創立者　④日本の本部

①1874年　②日本　③岩永マキほか　④〒851-1132　長崎県長崎市小江原 4-1-1　Tel：095-846-8300　Fax：095-842-0079

や貧しい人々の世話をするために生涯をささげることを決意し、修道会に準じる共同生活を始めた。これが本会創立の起点となった。同じころに、長崎各地で神と隣人への愛に動かされた女性たちの共同体ができた。共通していたのは、迫害に耐えた体験と神の国のために奉仕しようとする信仰、愛だった。

昭和三十一年、長崎の司教の勧めによって二十六の共同体が統合され、教会法による「聖婢姉妹会」として認可された。一九七五年には教区法による修道会として教皇庁の認可を受け、今日に至る。

長崎大司教区に本部を置く本会は、聖母マリアの「わたしは主のはしためです。お言葉どおり、この身に成りますように」の言葉を心に刻み、聖母マリアの生涯からキリストに従う姿を学び、福祉、医療の分野でキリストのことばを届けようと努めている。また教会奉仕に励み、地域に根ざした修道会として、身近な人々や信徒のために奉仕している。

§おもな使徒職

福祉、医療、教会奉仕。

オブレート・ノートルダム修道女会

§創立の由来・使命と目的

本会はジョージ・ディオン司教とジェラルド・モンジュー司教のヴィジョンによって、創立されました。二人の司教は、フィリピンのミンダナオ島の南部に位置するコタバト市で、カトリックの信徒が増加するなか、その司牧的ニーズに応えるための司祭がとても不足している現状を見て、司祭の活動を助け、それを使命とする女性たちの共同体が早急に必要であると感じたのです。

修道会の使徒職はおもに教区、小教区でのカテケージスです

①創立年　②創立国　③創立者　④日本の本部

①1956年　②フィリピン　③ジョージ・ディオン司教とジェラルド・モンジュー司教　④〒906-0002　沖縄県宮古島市平良字狩俣3979-4　宮古島フランシスカン霊性交流ITセンター　Tel：0980-72-5020　Fax：0980-72-5069

が、学校での奉仕や、社会への奉仕（例えばフィリピンでは、ゴミ拾いをして生計を立てている人々を支援する活動）もしています。海外では、パプアニューギニア、アメリカ合衆国に、日本では、二〇一一年から宣教が始まりました。

§おもな使徒職

外国人（移民など）、特に沖縄の宮古島にいる約百人のフィリピン人共同体のための奉仕。ミサは日本語で、参加者は十人くらいですが、まず友だちになることから始めています。

聖血《おんち》礼拝《れいはい》修道会《しゅうどうかい》

§創立の由来・使命と目的

私たち人類の罪の償いのため、また教会の必要のために、主イエスの尊い御血を日々、永遠のおん父にささげる、これが本会の召命の要約です。神の無限の愛は全人類の救いのため、ご自分の血を流されたイエスによって表されました。創立者マザーカタリナ・アウレリアはこの救いの神秘を観想した時、十字架のイエスの「私は渇く」の叫びに心を貫かれ、この渇きを癒そうと全生涯をささげました。創立者に与えられたカリスマは今も本会の会員に受け継がれています。

①創立年　②創立国　③創立者　④日本の各修道院住所（各修道院独立）

①1861年　②　カナダ　③聖血《おんち》のマザーカタリナ・アウレリア・カウエット

④ † **那須修道院** / 〒329-3212　栃木県那須郡那須町富岡1132-43　Tel：0287-72-1810　Fax：0287-72-5604

† **聖ヨゼフ修道院** / 〒899-6401　鹿児島県霧島市溝辺町有川107　Tel：0995-58-2316　Fax：0995-58-3118

私たちは特に司祭のために祈ることを大切にしています。司祭生活の尊さと厳しさを理解し、司祭方を「生きた御血のカリス」として尊敬していた創立者は、私たち修道女に司祭の成聖と使命遂行のために祈りと犠牲をささげるようにと常に勧めました。私たちの生活は尊い御血の霊性の目指す頂点であり、流れ出る源泉でもあるミサ、「教会の祈り」の歌唱、念祷、それらを軸として展開される禁域の中での生活で、日々キリストのみ跡を歩むことです。今日世の乱れは激しくなってきました。「この世の悪に対して戦う時、私たちに与えられた武器はイエス・キリストの尊い御血です。」（教皇聖ヨハネ23世の言葉参照）

神の民の中にあって私たちも永遠に主の救いを祝うその日を目指して旅をしています。「主イエスはその血によって人々を贖《あがな》われた。彼は主、アレルヤ。礼拝、賛美、感謝は神にとこしえに。アーメン。」（黙示録5・9、7・12参照）

§おもな使徒職

観想生活

カトリック愛苦会（在俗会）

§創立の由来・使命と目的

パリ外国宣教会のソーレ神父により始められ、長崎の浦上十字会より派遣された「岩永キク」と今村カトリック教会の「平田ロク」ほか五名の乙女たちによって一八八四年三月十七日に天主公教愛苦会として創始。一九三三年、当時の福岡教区長ブルトン司教により聖母訪問童貞会に吸収合併。その後、当地での活動を停止し移転、高齢の三人だけが残された。

①創立年　②創立国　③創立者　④日本の本部

①1884年　②日本　③ソーレ神父（パリ外国宣教会会員）
④〒830-1223　福岡県三井郡大刀洗町大字573　Tel：0942-77-2370　Fax：0942-77-3325

一九四〇年に今村カトリック教会主任司祭に着任された糸永一神父は、当時の福岡教区長、深堀仙右衛門司教に諮《はか》り、新たに修道会設立再建。残された三人に加え、新たに三人が入会し、新しい会の基礎作りがなされた。一九四三年、糸永一師は転任。後任の主任司祭へとその志が受け継がれ、主任司祭の指導の下、教会奉仕の活動を続ける。一九四七年九月、再び糸永一主任司祭が着任する。

その後さまざまな事業を展開しながら、会の目的であるキリストの福音的勧告に従い、キリストと共に苦しみを甘んじ受け、自己の欠点と戦い、各自の完徳達成に努め、自己の救霊に励むのみならず愛徳の掟に従い、神を証するために、愛の奉仕をとおして人々の救霊のために働いている。

§おもな使徒職

カテキスタ、サクリスタ、オルガニスト、典礼奉仕、社会事業（老人福祉・保育事業）。

カノッサ修道女会

§創立の由来・使命と目的

聖マダレナは北イタリアのカノッサ侯爵家に生まれました。幼いころ父を亡くし母と別れ、身体的・精神的苦しみの中で成長し、貧しい人々や見捨てられた子どもたちのために、さまざまな愛の活動を試みるようになります。また霊的体験に非常に敏感であり、祈りと福音的諸徳の実践をとおして自らの召命を熱心に探求し続けました。福音宣教と愛の活動に献身しながら、

①創立年　②創立国　③創立者　④日本の本部

①1808年　②イタリア　③聖マダレナ・ガブリエラ・ディ・カノッサ　④〒156-0045　東京都世田谷区桜上水 2-5-1

Tel：03-3329-3364　Fax：03-3302-1297　http://www.canossa.jp

かつ霊的な道を歩み続け、十字架につけられたキリストのうちに自らの霊性と使命の核心を見いだしました。人々と教会の必要に注意深いまなざしを向け、「キリストは、知られていないから愛されていない」ことに気づかされて、一八〇八年五月八日、愛徳の娘・貧しい人々のはしため修道会（カノッサ修道女会）を創立しました。

私たちカノッサ会員は創立者の心を受け継ぎ、十字架上のキリストの偉大な愛の精神に倣って、ひたすら神の栄光と人々の救いを探し求める生き方に生涯をささげます。また、信仰と謙遜の模範である十字架の傍に立っておられる悲しみの聖母を真の創立者として敬愛し、私たち自身と活動を委ねています。「イエス・キリストが知られ、愛されるように」、とくに最も貧しい人々のために、世界三十六カ国で奉仕しています。

§おもな使徒職

教育（幼稚園、中・高）福音宣教、病人司牧、信徒の養成、黙想会の指導。

神の愛の宣教者会

§創立の由来・使命と目的

本会が「インスピレーションの日」と呼ぶ、一九四六年九月十日、当時インドのコルカタでロレット修道会修道女として教育に携わっていたマザー・テレサは、黙想会のためダージリンへ向かう汽車の中で「召し出しの中の召し出し」を受け、最も貧しい人々に仕える新しい修道会を始めました。

「我渇く」（ヨハネ19・28）、これはすべての霊魂、特に最も貧しい小さな人々へのイエスの無限の渇きであり、さらに「あなたが

①創立年　②創立国　③創立者　④日本の本部

①1950年　②インド　③コルカタの福者テレサ（マザー・テレサ）　④〒123-0845　東京都足立区西新井本町3-5-24
Tel：03-3898-3866

それを私にしてくれた」（マタイ25・40参照）は、イエスがすべての人々の内におられ、私たちが他者に対してする事はつまりイエスにしたことになります。この明確な福音的根拠と、時、所に応じた教会の要求に一致し、本会は急速に発展しました。貧しさの対象も拡大解釈され、神様の愛、福音の喜びを知らない霊的に貧しい人々をも含み、活動範囲は世界中に及んでいます。なお、全活動は世界中の人々の善意による支援で運営されています。

会員は「十字架につけられた貧しいイエス」に従う三誓願のほかに、「最も貧しい人々への心からの無償の奉仕」を誓い、聖母マリアの「愛の信頼」「完全な委託」「内なる喜び」を会の精神とし、御子イエスと共に本会の誕生を促し、今も守り導かれる「汚れなきマリアのみ心」に奉献されています。

§おもな使徒職

現在日本では、ホームレスさんへの支援（昼食サービス、炊き出し、物質的援助）。女性と子供の一時保護。家庭・独居老人訪問、病院や刑務所訪問。祈りの会、聖書勉強会、日曜学校、教区内でも霊的活動。

神の御摂理修道女会

§創立の由来・使命と目的

「キリストの愛に勝るものは何もない」とは、神の御摂理修道女会の創立者、尊者アントニナ・ミルスカが強調していた言葉です。

十歳の時に両親を亡くし、自ら孤児としての苦しみを経験した彼女は、後に、貧困のため、また道徳的に迷っているがために売春をしている女性たちや、孤児たちの母として、彼女らが神に愛されている子としての幸せを取り戻せるよう願い、神の御摂理修道

①創立年　②創立国　③創立者　④日本の本部

①1857年　②ポーランド　③マザー・アントニナ・ミルスカ
④〒153-0061　東京都目黒区中目黒3-18-17　Tel：03-3712-0775　Fax：03-3712-0775

女会を創立しました。

現在、本修道会のシスターたちは、ポーランド、日本、スイス、ウクライナ、イタリア、カメルーンの各地で、カテキスト、幼稚園など教育機関教諭、看護師として、また家族の愛と温かさを知らない若い人たちや、心身にハンディのある方の施設などで活動し、キリストの愛の証《あかし》をしています。子どもたち、家庭に恵まれない方々、また道徳面・教育面でなおざりにされている女性たちに、キリスト教的な方法をもって教育をすることは、本会の特別の目的です。

「空の鳥をよく見なさい。種も蒔かず、刈り入れもせず、倉に納めもしない。だが、あなたがたの天の父は鳥を養ってくださる」（マタイ6・26）。私たちは日々、朝、晩は共同で祈り、神の御摂理を敬い、天の御父への信頼を育《はぐく》んでいます。

§おもな使徒職

幼・中・高での宗教教育ならびにその他の活動。おもに家庭・DVなどに代表される問題を抱える女性支援。高齢者看護、デイケアなど。

カルメル宣教修道女会

§創立の由来・使命と目的

一八六〇年、スペインで、カルメル会司祭であった、福者フランシスコ・パラウによって創立されました。カルメル会の霊的遺産を土台とし、教会の意味を深く生きること、兄弟的な交わりを深く生きること、神との親しさを生きること、寛大な使徒的奉仕、福音的自己放棄、カルメル山の聖母を模範とする生活を目的としています。日々の祈りと毎日のミサ、共同体の生活と教会の司牧を使命としています。現在、四十カ国で、約千八百人のシ

①創立年　②創立国　③創立者　④日本の本部

①1860年　②スペイン　③福者フランシスコ・パラウ　④〒611-0002　京都府宇治市木幡赤塚65　Tel：0774-38-2136
Fax：0774-38-2543

スターたちが活躍しています。日本には、一九九七年に、来ました。

§おもな使徒職

シスターたちは、いろいろな場所で働きます。黙想の家、学校、病院やクリニック、教会での要理教育など、保健事業、貧しい人のための社会的プロジェクト、また福音宣教のため外国に派遣されます。

カロンデレットの聖ヨゼフ修道会

§創立の由来・使命と目的

カロンデレットの聖ヨゼフ修道会は、一六五〇年ごろにイエズス会のジャン・ピエール・メダイユ神父が、フランソワ・エラーと五人の女性と共にアンリ・デ・モパ司教の下で、フランスのル・プイにおいて創立した会の精神を受け継ぎ、聖ヨゼフ会として発展した修道会である。

神の愛の息吹に鼓舞され、そのひらめきを受けて、聖ヨゼフ会のシスターは、常に神への深い愛と隣人への分け隔てない愛とを

①創立年　②創立国　③創立者　④日本の本部

①1650年ころ　②フランス　③ジャン・ピエール・メダイユ神父　④〒514-0823　三重県津市半田1330　Tel/Fax：059-224-8140

目指して生きる。

一八三六年にアメリカのセント・ルイスに渡り、カロンデレットに最初の修道院が設立され、孤児、病人、貧困者など、助けを必要とする人々に愛の奉仕を行った。

現在、アメリカにはセント・ルイス、セント・ポーロ、ニューヨーク、ロサンゼルスの四管区があり、シスターたちはアメリカからハワイ、日本、ペルー、ウガンダに派遣されて教会、学校、病院などの場で、それぞれの国と地域のあらゆる必要性に応えている。

日本はロサンゼルス管区の一地区となっている。

§おもな使徒職

おもにセントヨゼフ女子学園中学校・高等学校において教職に携わってきているが、その他、保育園でも働き、通訳、カウンセラーとしても奉仕している。

韓国殉教福者修道女会

§**創立の由来・使命と目的**

方《バン》神父は一九四六年の復活祭の日（四月二十一日）、京畿道開城（ケソン）で、韓国最初の邦人修道女会である本会を創設した。この日はちょうど韓国最初の司祭・聖アンドレア金大建（キム・デゴン）神父の殉教百周年となる意義深い日でもあった。さらに一九五三年韓国殉教福者司祭修道会を創立し、一九五七年には福者修道女会第三会を発足させ、一九六四年には既婚女性たちの修徳生活のため

①創立年　②創立国　③創立者　④日本の本部

①1946年　②韓国　③方　有龍（バン・ユウリュン）アンドレ神父　④〒544-0005　大阪府大阪市生野区中川6-6-23
Tel/Fax：06-6754-7444

の共同体パルマ園を創立した。韓国殉教福者修道女会は二〇〇七年一月二十四日に水源（スウォン）管区、大田（デジョン）管区の二つの管区になった。

韓国殉教者の精神と兄弟愛を持ち、「点性」（いつも目覚めているために、至極小さなことであっても、正確に忠実にその瞬間瞬間を聖化すること）、「沈黙」（内的にも外的にも沈黙を生きることを徹底して、人間的欲望を抑制し、特に、霊的沈黙を通して良心と自由意志を形成する）、「対越」（超越者との出会い）」（目に見えない神に出会うため、自分自身を清める生活をすること）、「麵形無我」（イエスが自らを無とされた謙遜を生き、聖体のうちに存在するように、自分自身を完全に無にし、神と一致するという聖化の極致を生きる）、のもとで、世界の救いと福音宣教の使命を生きている。

§おもな使徒職

低所得層への宣教、海外宣教、社会福祉、病院、教育、小教区への奉仕、移住民への司牧協力。

キリスト・イエズスの宣教会

§創立の由来・使命と目的

キリスト・イエズスの宣教会はフランシスコ・ザビエルの生まれた村で始まりました。

福音がまだ届けられていないところ、特に貧しく苦しんでいる人がいるところへ、希望と喜びをもたらすことが私たちの使命です。一人ひとりに与えられた固有の賜物を活《い》かし、また時のしるしを識別しながら、たえず福音を宣教する新しい道を探します。

いつも敏速に教会と人々の必要性に応じることができるよう、

①創立年　②創立国　③創立者　④日本の本部

①1944年　②スペイン　③マリア・カミノ・サンス・オリヨ
④〒270-0114　千葉県流山市東初石5-135-2　Tel/Fax：04-7152-1022

少人数で時間割にとらわれない柔軟な生活様式で開かれた共同体を作ります。また国際的な共同体の中で、互いの違いを受け入れながら、多様性の豊かさを生きます。

マドリッドに本部をおき、インド、フィリピン、中国、ボリビア、ヴェネズエラ、コンゴ、チャド、カメルーンなどで教育・社会福祉・司牧に携わっています。

§おもな使徒職

現在、日本では東京、千葉、山口（小野田・防府）に共同体をおき、滞日外国人の司牧、青少年の司牧、教育活動に携わっています。

クリスト・ロア宣教修道女会

§創立の由来・使命と目的

本会の名前である「王たるキリスト」は死と復活によって全てを支配する権能をもつが、勝利の王としてよりも、愛をもって身を低くして仕える姿をしめします。

本会の霊性は愛によって特徴づけられ、そのみ心の愛をのべ伝えることを唯一の目的とする宣教会です。この目的にそって「み国が来ますように！」王であるキリストのもとに、み心の愛に見

①創立年　②創立国　③創立者　④日本の本部

①1928年　②カナダ　③シスター・フレデリカ・ジルー　④〒202-0015　東京都西東京市保谷町4-10-26　Tel：042-465-8620　Fax：042-467-1624

守られて、会員の心に主の愛を絶えず成長させ、使徒職にたずさわる人々、諸民族そして世界中に、キリストをまだ知らない人々にその愛を伝える使命を有しています。

§おもな使徒職

聖書の読書会での分ち合いをとおしてのカテケジス、小学生対象のカテケジス、国境を越えたかかわり、近隣の人との交わりの中でのカテケジス。

韓国では、国際結婚でさまざまな問題を抱え、悩み苦しんでいる人たちが韓国社会に適応できるようサポートしています。また、カウセリングをとおしての司牧、経済的に困っている人への司牧。

それぞれの場で、何よりも出会う人とのかかわりを大切にし、喜んで迎え、キリストの愛を伝えるよう使徒職にたずさわっています。

けがれなき聖母の騎士聖フランシスコ修道女会

§創立の由来・使命と目的

「けがれなき聖母の騎士会」の創立者である聖マキシミリアノ・マリア・コルベ司祭殉教者は、この聖母の騎士の精神で生きる女子修道会の創立を望んでいた。しかし、その実現を果たす前に第二次世界大戦が勃発し、アウシュヴィッツ強制収容所で愛の殉教を遂げた。聖コルベと同国人でコンベンツアル聖フランシスコ会会員であり、聖人と共に来日し、日本の宣教に熱意を持っていたミェチスラオ・マリア・ミロハナ神父がその意をついだ。

①創立年　②創立国　③創立者　④日本の本部

①1949年　②日本　③ミェチスラオ・マリア・ミロハナ神父
④〒859-0167　長崎県諫早市小長井町遠竹 2747-6　Tel：0957-34-2228　Fax：0957-34-4349

一九四五年の長崎原爆によって路頭に迷う多くの原爆孤児を、コンベンツアル聖フランシスコ会が福音的愛に駆られ救済に乗り出した。その養育に修道女の必要性を痛感した。その時、聖コルベの望みを実行すべき時が来たことを悟り、修道生活を希望する若い女子職員を中心に、一九四九年十二月八日の無原罪の聖母の祭日に七名の志願者の着衣式を行った。ここに「けがれなき聖母の騎士聖フランシスコ修道女会」が誕生した。その一年後の一九五〇年十二月十五日、教皇庁より長崎教区管轄の司教認可通常誓願修道会として正式に発足の許可を得た。

会の目的と使命は、聖マキシミリアノ・マリア・コルベの精神に従い、けがれなき聖母に愛をもって自己を全く奉献し、聖母の所有物、聖母のみ手の道具となってイエスのみ心の勝利のため、主のみ国の建設のために祈り働くことである。

§おもな使徒職

社会福祉事業（総合発達医療福祉センター、医療型障がい児入所施設・療養介護事業、障がい者支援施設（4）、指定介護老人福祉施設、児童養護施設など）他。

汚れなきマリア修道会

§創立の由来・使命と目的

フランス革命の結果、スペインのサラゴサに亡命を余儀なくされていた三年間、シャミナード神父はピラール（柱）の聖母像の前で祖国のキリストへの信仰復帰を願って、祈りと黙想に明け暮れていました。師は祖国の信仰復興の鍵は「マリア」にあることを確信し、その方法は革命以前とは全く違った、新しい時代の挑戦に応えることのできる宣教方法であるべきだと考えました。師は、新しい教会の姿は、教会の母マリアを囲む使徒たちの集団、「聖霊降

①創立年　②創立国　③創立者　④日本の本部

①1816年　②フランス　③ギョーム・ヨゼフ・シャミナード神父とメール・アデル・ド・バッツ・ド・トランケレオン
④〒182-0016　東京都調布市佐須町5-28-5　Tel：042-483-3525　Fax：042-480-3881　http://www.marianist.jp/

臨」の高間にあると直感しました。

一八〇〇年、亡命生活が終わって祖国に戻るとすぐに、心にあたためていた計画を実行に移し、まず青年たちに救いの協力者としてのマリアの役割とその精神を教え込み、イエスのように「マリアの子」として、宣教者として生きるよう彼らを導きました。やがてこのメンバーの中から、この同じ精神に生きる修道生活を希望する男女の青年があらわれ、一八一六年五月二十五日、アデルを創立者とする女子修道会「汚れなきマリア修道会」、翌一八一七年十月二日、シャミナード神父を創立者とする男子修道会「マリア会」が誕生することになります。

その目的と使命は、マリアの子となられた神の子イエスに倣って、マリアに全面的に身を委ねながら、人びとをキリストに導くことです。

§おもな使徒職

学校教育（幼・小・中・高）、黙想の家、宣教センター、小教区の活動など、信仰教育と信仰共同体の形成、宣教者の養成に力を注ぎ、とくに、若い人や貧しい人を対象とするものを優先しています。

汚れなきマリアのクラレチアン宣教修道女会

§創立の由来・使命と目的

キューバのサンティアゴ大司教に任命されたばかりの聖アントニオ・マリア・クラレは、カリブの真珠島に、神がマリア・アントニアに照らされた修道会を創立するようにと彼女を招きました。神がマリア・アントニアに照らされた修道会というのは、彼女に神秘体験をとおして当時、教会と修道生活を苦しめていた諸悪が見せられ、使徒たちのやり方で忠実に福音に戻ることによって教会改革を行うことです。マリア・アントニアとその

①創立年　②創立国　③創立者　④日本の本部

①1855年　②キューバ　③聖アントニオ・マリア・クラレ大司教と尊者マリア・アントニア・パリス　④〒569-0077　大阪府高槻市野見町2-15　Tel：072-675-1278　Fax：072-675-1258

仲間たちは、キューバへの航海の危険にもかかわらず、クラレ大司教の招待に応え、新世界に新しい修道会が誕生するようにとの神のみ旨を果たすために、船にのり、出航しました。そして、主のお望みどおり、使徒たちにならい、「教義ではなく、実践における新修道会」を創立し、福音宣教の役務をとおして、とくに、神の国のために一生をささげた奉献者たちが、教会の刷新に貢献するようにと、働きかけました。

日本には創立一〇〇周年に来日し、三名で始まった小さな共同体は、アジア管区として成長し、現在、日本、フィリピン、韓国、インドネシア、東チモール、そしてベトナム人たちの召命を育てるまでに及んでいます。

§おもな使徒職

日本では宗教教育とモンテッソーリ教育をもとにした幼児教育、地区や小教区の司牧活動、移住者とのかかわりなど。アジアでは霊性の家、学生寮、学校、老人ホーム、教区・小教区司牧、移動診療など。

ケベック・カリタス修道女会

§創立の由来・使命と目的

本会は、聖マルグリット・デュービルが創立したモントリオール・カリタス会からメール　マルセル・マレと五人のシスターが一八四九年、ケベック市に派遣されたことから始まりました。それまで、教会の婦人会が行っていた貧しい娘たちの孤児院を引き継ぐためでした。

シスターたちは到着すると直ちに、コレラ患者の看護に、孤児の世話に献身的に身を挺し、一カ月半後には、学校も開きました。

①創立年　②創立国　③創立者　④日本の本部

①1849年　②カナダ　③メール　マルセル・マレ　④〒225-0011　神奈川県横浜市青葉区あざみ野1-16-15　Tel：045-901-8341　Fax：045-902-1252

メール　マレは修道生活の二十数年間をモントリオール・カリタス会で過ごし、会の精神を受け継ぎました。この精神はあらゆる貧しさに対する深い慈愛と、キリストの肢体である人々に、さまざまな方法で仕えていく、あますところのない献身からなるものです。御父の御摂理に対するメール　デュービルの信心を受け継ぎながらも、メール　マレは特にイエスの御心に引かれていました。この御心のうちに、御父と人類に対するイエスの無限の愛をみならう力をくみとりました。同じカリスマに集められたシスターたちは、姉妹的な交わりに支えられて福音的な愛を受肉させ、さまざまなニーズにこたえようとしています。

§おもな使徒職

教育事業（カリタス学園）。教会奉仕活動。カトリック入門や聖書の講座。祈りや霊的同伴。外国人シェルターの支援。近隣の方々のデイサービスの支援。

御受難修道女会

§創立の由来・使命と目的

主イエスの御受難は神の愛の最も圧倒的な、しかも偉大な御業《みわざ》であり、主の十字架は喜びの福音の源また中心である。

創立者十字架の聖パウロは、主の御受難と復活の神秘を特別に深く悟る恵みを受け、主の御受難にささげられた男女の修道会を創立した。

女子は閉域を守る観想会で、日本での創立は一九五七年。

私たちは、主の御受難がいつも私たちの心に刻み込まれ、生きることを切に願い、誓願において「イエズス・キリストの御受難、

①創立年　②創立国　③創立者　④日本の本部

①1771年　②イタリア　③十字架の聖パウロ　④〒665-0854 兵庫県宝塚市売布山手町 10-2　Tel：0797-84-7863　Fax：0797-84-7864

御死去の感謝に満ちた記憶への愛と献身とを推進し、それを自身の生活様式において表明すること」を誓う。これは教会における私たちの存在意義・目的であり、生活に霊感と一貫性をもたらす。

人々の救いのために自らを完全に神にささげ、孤独と沈黙の観想の祈りのうちに主との一致にとどまり、互いが十字架に釘づけられた御方の生きた証人となる。それは互いに愛し合い、助け合い、苦しみを分かち合う共同体生活によって表される。男子御受難会の使徒的精神と深いつながりをもち、兄弟たちの使徒職を祈りによって支える。

また、一日あるいは数日祈りに過ごしたいと望む人を閉域内に受け入れている。

§おもな使徒職

祈り

御聖体の宣教クララ修道会

§創立の由来・使命と目的

創立者マリア・イネス・テレサはメキシコの観想クララ修道会において十六年間、清貧・貞潔・従順の三つの誓願を忠実に守り、日々のつとめを誠実な心で果たし、沈黙、祈り、犠牲の生活を喜びのうちに送っていた。しかし、マリア・イネス・テレサは心の中に、以前から抱いていた神のみ国を広めるための「直接宣教」の望みが大きくなり、宣教会を創立することが神のみ旨

①創立年　②創立国　③創立者　④日本の本部

①1951年　②メキシコ合衆国　③福者 御聖体のマリア・イネス・テレサ・アリアス　④〒154-0015　東京都世田谷区桜新町1-27-7　Tel：03-3429-4823　Fax：03-3420-0394
http://www.hohoemiwo.blogspot.jp

であることを確信し、一九四五年八月、宣教修道女を志願した五名のシスターと共に、メキシコのクエルナバカ市で新しい生活を始めた。一九五一年六月二十二日教皇庁直轄修道会として正式認可を受け、同年十月二十三日に四人の宣教女が来日した。

本会は「観想と活動の生活」の修道会である。創立者の「神の栄光と霊魂の救い」という目標に従って、祈りと犠牲という二つの翼をもって、地の果てまで「神の愛とみ名を知らせるため」に、世界各国（十四カ国）へ羽ばたいて行っている。

また、グアダルーペの聖母は本会の特別な保護者として、そのみ名を知らせ、愛させるように努めることも本会の目的の一つである。

§おもな使徒職

幼児教育、若者の宿舎、カテケジス、黙想者のお世話、土曜学校。

コングレガシオン・ド・ノートルダム修道会

§創立の由来・使命と目的

マルグリット・ブールジョワは、一六四〇年二十歳の時、フランスのトロワのドミニコ会修道院で行われたロザリオ行列で、聖母像を眺め、聖母マリアに強く惹《ひ》かれた。その後、マルグリットは従姉《いとこ》エリサベトを訪問したマリアの生き方と、聖霊降臨後初代教会の中で使徒たちと共に祈り働くマリアの生き方に倣いたいと心から望んだ。当時のフランスはカナダの

①創立年　②創立国　③創立者　④日本の本部

①1676年　②カナダ　③聖マルグリット・ブールジョワ　④〒182-0034　東京都調布市下石原3-55-1　Tel：042-482-8947　Fax：042-489-1793　http://www.cnd-m.org

先住民族に福音を宣教し、キリスト者の社会をつくりたいと沸き立っていた。折しも、マルグリットがモンレアルの学校教師として派遣されることになった。その後、彼女はフランスから渡って来た若い女性たちを受け入れて教育し、仲間と一緒に共同体を作った。それが、北米で初めて囲いの中に閉じこもらず、必要なところにはどこにでも出かけて行き、福音の喜びを伝え、奉仕する使徒的修道会という今日の本会の形に至った。

現在はカナダ、米国、日本、中米、カメルーン、フランスで、教育をとおしてキリストを知らせる活動に従事している。日本では、会員は子どもたちがその子らしく喜んで社会に貢献し、人々のために生きてほしいと願って学校教育を行い、また多岐にわたる信仰教育をとおして、女性たちや地域のかたがたと深く繋がっている。（写真はシスター《中央》と生徒たち）

§おもな使徒職

教育使徒職

サレジアン・シスターズ（扶助者聖母会）

§創立の由来・使命と目的

サレジアン・シスターズは、聖母の導きによって、時代の波に翻弄《ほんろう》される十九世紀の北イタリア、小さな村モルネーゼで、学ぶ機会に恵まれない女子青少年の教育を目的として立てられました。

会員は、聖母のように青少年の間で「助け手」として生き、青少年と共に良い羊飼いキリストの愛を人々に伝えるため自身を神にささげます。「ダ・ミイ・アニマス・チェテラ・トッレ（私に魂

①創立年　②創立国　③創立者　④日本の本部

①1872年　②イタリア　③聖ヨハネ・ボスコと聖マリア・ドメニカ・マザレロ（共創立者）　④〒182-0017　東京都調布市深大寺元町 3-21-1　Tel：042-444-8541　Fax：042-444-8542　http://www.salesian-sisters.jp

を与え、他はすべて取り去ってください）」のモットーは創立者から受けたサレジアンの旗印です。

会員は、神から愛されている喜びのうちに、理性・宗教・慈愛を支柱とするドン・ボスコの「予防教育法」の実践、特に「子どもに通じる、人間味豊かで温かく忍耐強い愛」を徹して生きようと励んでいます。創立時以来引き継がれてきた家族的精神はその愛に由来しています。現代における青少年の貧しさの形は多様で、本会の司牧活動の場も多岐にわたりますが、会員は、青少年、協働者、家族と共に教育共同体を作り上げ、彼らとカリスマを分かち合い、互いに成長をうながし合いながら、青少年自らが自身の価値、弱さをありのままに受け入れて、他の青少年の中で喜びの宣教者となるまでに共に歩む家を築いていくことを目指しています。

§おもな使徒職

学校教育（幼・小・中・高・短大）、学童保育、児童養護施設、教会学校、国際ボランティアによる女子教育（VIDES）、滞日外国人の各種ケア。

三位一体の聖体宣教女会

§創立の由来・使命と目的

まことの礼拝をする者たちが霊と真理をもって、父を礼拝する時が来る。今がその時である。なぜなら、父はこのように礼拝する者を求めておられるからだ。

（ヨハネ4章23節）

グスマン神父は、イエスのみ心を深く味わい、「霊と真理をもって御父を礼拝するまことの

①創立年　②創立国　③創立者　④日本の本部

①1936年　②メキシコ合衆国　③パブロ・マリア・グスマン神父とマドレ・エンリケタ・ロドリゲス・ノリエガ　④〒189-0003　東京都東村山市久米川町 1-17-5　Tel：042-393-3181 Fax：042-393-2407

礼拝者」を熱望した。

「あなたのためにどのような人を望むべきでしょうか。御父、その人々があなたの栄光のため、大祭司イエスとともにホスチアとなる魂でありますように。……目をあげてあなたに感謝されたイエスにならう幼子のような単純な魂でありますように。」

本会は、聖霊に導かれ、キリストによって、キリストとともに、キリストのうちに、自らが御父のまことの礼拝者となり、礼拝者を探し、礼拝者を育てることをとおして、三位一体に栄光を帰するために、教会のなかに生まれた。

会員は聖体を生活の中心とし、司祭職への感謝、マリアの母性への感謝を日々ささげながら、聖体における交わりを生き、その喜びを人々と分かち合うのである。

§おもな使徒職

小教区の司牧協力、幼児教育、祈り・黙想の場の提供など。

師イエズス修道女会

§創立の由来・使命と目的

イタリア語で「師イエスの敬虔な弟子」という意味をもつ師イエズス修道女会は、「道・真理・いのちである師キリストを生き伝える」使命を持つ「パウロ家族」の中で、聖体のキリストへの永久礼拝をもって必要な恵みを願う「執り成しの使命」を担うために創立されました。神の栄光と人々の平和のため、メディアによる宣教の恵みとメディアによって犯される罪の償いのため、世のいのちのために

①創立年　②創立国　③創立者　④日本の本部

①1924年　②イタリア　③福者ヤコブ・アルベリオーネ神父（聖パウロ修道会会員）　④〒192-0001　東京都八王子市戸吹町 1490　Tel：042-691-3313　Fax：042-691-3013　http://www1a.biglobe.ne.jp/pddm_jp

自らを裂いて与えられたキリストの聖体的いのちの召命を生きます。

具体的には、すべての人がイエス・キリストと出会う場である典礼祭儀に用いる祭服、祭具、信心用品を制作頒布する典礼センター「ピエタ」、祈りの家、司祭への奉仕、小教区での司牧、黙想指導、展示パネルによるカテケージス、また、言葉と文化の壁を越えた「美しさ」の中に神を伝えるミッションとしての教会建築、宗教芸術、教会音楽、バチカンでの教皇ミサの典礼書作成や聖歌隊指導、バチカン電話局、病む司祭・信徒への癒しのセッション（メキシコ、インド）など幅広い分野で、「使徒たちと共にある女性使徒」として、世界三十一カ国で千四百名近くの会員が「いのちへの奉仕」に携わっています。

§おもな使徒職

日本では、典礼祭儀に用いる祭服、祭具、信心用品を制作頒布。教会建築。祈りの家での奉仕。司祭への奉仕。教会司牧ほか。

シャルトル聖パウロ修道女会

§創立の由来・使命と目的

本会は十七世紀末、フランスにおいてルイ王朝の華やかな宮廷文化の陰で貧困と精神的荒廃に苦しむ人々を助けるために、ボース地方の小さな村の主任司祭ルイ ショーヴェ神父によって創立されました。神父の熱意に満ちた呼びかけに応えて集まった若い女性たちは、共に祈り、手仕事をしながら共同生活を営み、子どもたちに読み書きと教理を教え、病人を見舞い、看護にあたりました。

①創立年　②創立国　③創立者　④日本の本部

①1696年　②フランス　③ルイ　ショーヴェ神父　④〒102-8185　東京都千代田区九段北2-4-1　Tel：03-3234-6664　Fax：03-3264-6088　http://www.spc-japan.org

こうして修道会の第一歩が始められました。会の守護者、聖パウロに倣って「すべての人にすべてとなる」ため、創立からまだ三十年しか経っていない一七二七年、四人の姉妹が宣教女として仏領ギアナへ派遣されました。その時から現在まで、修道会はフランス国内ばかりでなく、必要とされるところにはどこへでも赴き、ヨーロッパ諸国、アジア、アフリカ、アメリカ大陸へと三十七カ国に広がり、教育、社会福祉、医療、司牧などの分野で奉仕しています。

日本には一八七八年、オズーフ司教の招きで三人の修道女が函館に到着し、以来教会からの呼びかけに応えて、東京、盛岡、仙台、藤沢、強羅、八代で教育と社会福祉をとおしてキリストの福音を伝えています。

§おもな使徒職

日本においては教育事業として、「白百合学園」の校名のもとに幼稚園（7）、小学校（5）、中学校（6）、高等学校（7）、大学（2）をとおして、福音宣教に努めています。

社会福祉事業では、函館に乳児院、八代に養護施設があります。

十字架のイエス・ベネディクト修道会

§創立の由来・使命と目的

「明らかに神が招いておられると思われる人を、単に健康上の支障のために、修道生活から除外できるだろうか？」この問いが心にあった、ゴーシュロン神父（当時モンマルトル大聖堂付司祭）は、指導していた数名の若い女性たちと共にスザンヌ・ヴロトノフスカ（後にメール・マリー・デ・デュールールと呼ばれる）を協力者として、一九三〇年にパリ郊外においてベネディクトの霊性を基とする簡素な隠世修道会を創立しました。

生命の木であるキリストの十字架は本会の核心にあります。

①創立年　②創立国　③創立者　④日本の本部

①1930年　②フランス　③モーリス・ゴーシュロン神父とメール・マリー・デ・デュールール　④〒299-4213　千葉県長生郡白子町八斗1805　Tel：0475-33-3829　Fax：0475-33-7067　http://www.benedictinesjc.jp/

私たちは十字架につけられたイエスの愛の中に、典礼の祈り、念祷、沈黙、兄弟愛に重点をおく簡素な隠世修道生活を生きています。

十字架のイエス・ベネディクト修道会の精神は十字架の神秘（過ぎ越しの秘義）の観想が中心です。これは死と復活を生きることです。

私たちは、「神の意思への忠実」を旨とし、貧しく隠れた生活、単純と喜びにあふれた生活によって、十字架の神秘を「再現し、輝かせたい」と望みます。それは「アーメン・アレルヤ」という標語に要約されます。

§おもな使徒職

祈りです。どなたでも私たちの典礼にあずかれます。四～五名程度なら宿泊可能です。典礼ろうそくやロザリオ、カードなどを製造していますが販売目的でなく、献金のお礼としてお分けしています。

近隣の信徒や未信者に聖書の勉強会やキリスト教について話をしています。すべての活動は修道院敷地内で行われます。

守護の天使の姉妹修道会

§創立の由来・使命と目的

十九世紀のフランスは、社会構造も考え方も世俗化し、混乱の時代であった。司祭叙階前からルイス・A・オルミエールは小さな村々の貧しい見捨てられた子どもたちの姿に心を痛め、彼らに教育の恵みを……との望みを持ちつづけ、やがて神の呼びかけに応えて若者の教育に携わる修道会を創立したのである。

〝守護の天使の姉妹修道会〟という名称には、私たちの使命

①創立年　②創立国　③創立者　④日本の本部

①1839年　②フランス　③ルイス・A・オルミエール神父とシスター・サン・パスクァル　④〒154-0024　東京都世田谷区三軒茶屋 1-27-27　Tel：03-3410-3076　Fax：03-3410-3133

の特性が表れている。「私たちは、目に見える天使であることが必要です。神のみ旨を時を移さず実行すること」と創立者が述べるように、これは使徒職のうちにも反映され、姉妹たちは現代社会の中で最も助けを必要としている場を優先して奉仕する。

姉妹たちの生き方の特徴は、小さくされた人々と共に小さな者になる〝福音的単純さ〟（会との絆を結ぶための基本的条件）、時のしるしに開かれ、社会の中で最も必要とされる場の優先、天使特有の熱意と敏捷《びんしょう》性、応需性、奉仕の姿勢にある。これらの生き方をとおして〝キリストの真の弟子を養成すること〟、これが私たちの主要で唯一の目的である。

§おもな使徒職

教育、小教区活動、病人や高齢者との同伴・ケア、日雇い労働者の街釜ヶ崎での自立支援、外国人労働者とその家族とのかかわりなど。

殉教者聖ゲオルギオのフランシスコ修道会

§創立の由来・使命と目的

一八五七年に南ドイツ・ストラスブルグの修道女が二人（そのうちの一人がシスター・マリア・アンゼルマ・ボップ）、北ドイツの寒村テュイネの主任司祭の要請に応えて、病人の看護と貧しい子どもたちの教育のために派遣されました。主任司祭ダル神父の私財を投じて設けられた施設で、二人は貧しさと闘いながら懸命に奉仕し、修道生活の志願者も出てきました。ところが、ストラスブルグがフランス領になり、修道会からは引き揚げの命令が来る事態となりました。その結

①創立年　②創立国　③創立者　④日本の本部

①1869年　②ドイツ　③シスター・マリア・アンゼルマ・ボップ　④〒001-0016　北海道札幌市北区北16条西2-1-20　Tel：011-747-9709　Fax：011-757-1273　http://www7.ocn.ne.jp/~maria-in/index.htm

果、テュイネとその周辺の人々の求めと、修道会の求めとの間で大きな葛藤《かっとう》が生じました。ダル神父の要請と、シスターたち自身の内面に生まれている強い使命感が、自分の修道会に対する愛と愛着に打ち勝ち、新しい修道会を作ってテュイネに留まる決心に至りました。そのようにして一八六九年に私たちの修道会は誕生し、現在に至るまで、その発祥の地ドイツのテュイネに本部をおいています。

修道会誕生以来、私たちの使命は貧しい人・病人・青少年・お年寄りなどをお世話することで、その時、その場で必要とされることを果たし、人々にキリストの慈しみの愛を目に見えるものとして示すことが目的です。

§おもな使徒職

日本における主な使徒職は、教育（幼児、中等、高等）、福祉（保育園、児童養護施設、老人ホーム）。

全世界の働きとしては、教育・福祉のほかに、医療（病院、クリニック、訪問看護）、高齢司祭のお世話、パストラルケア、教会の各種手伝い、ホスピス、ホームレス支援など。

純心聖母会（旧長崎純心聖母会）

§創立の由来・使命と目的

創立者早坂久之助司教は、一九二七年十月三十日、教皇ピオ十一世によって叙階され、日本人初の長崎教区長に任命されました。教皇は祝聖ミサの中で、「親愛なる兄弟、あなたはこれからキリストの王国を日本人の間に広めるためにローマから派遣されるのです」と述べています。共同創立者の江角ヤスは、一九二八年、まだ面識のない早坂司教の手紙を受け取ります。「長崎に女子教育を行なう修道会を設立したいので協力を期待したい。その会は聖母にささげられ、殉教の地長崎に誕生する」という文面でした。そこに神のみ

①創立年　②創立国　③創立者　④日本の本部

①1934年　②日本　③早坂久之助司教　④〒852-8142　長崎県長崎市三ツ山町 415　Tel：095-848-2241　Fax：095-843-7570　http://n-junshinseibokai.or.jp

旨を感じてこれに応えた江角ヤスは、フランスの聖心会で修練を受け一九三四年帰国します。

純心聖母会は、一九三四年六月九日、「聖母マリアのけがれなきみ心の祝日」に、「信徒発見のサンタマリア」の前で創立されました。シスター江角は初代会長として修道会の基礎を築きました。

私たち会員は創立者がカリスマとして受けた「与え尽くす十字架上のキリスト」の愛に応え、これを霊的遺産として大切にしています。聖母のみ心に倣い、人々の魂の救いのために惜しみなく自分をささげ、神の愛に根ざした教育と社会福祉の活動をとおしてその使命を果たします。

§おもな使徒職

教育と社会福祉。

女子跣足カルメル修道会

（カルメル山の聖なるおとめマリアの修道会）

§創立の由来・使命と目的

パレスチナにあるカルメル山にその名を由来し、十二世紀、「生きている神の前に立ち、情熱をもってその神に仕える」（列王記）という預言者エリヤからインスピレーションを汲み、聖母マリアを「母」「保護者」として、その山で隠遁生活を始めた人々に起源をもつ。十三世紀初め、会則を与えら

（P242へつづく）

①創立年　②創立国　③創立者　④日本の各修道院住所（各修道院独立）

①12世紀（改革年　1562年）②パレスチナ（改革地　スペイン）③改革者　アビラの聖テレジア

④†伊達カルメル会修道院／〒052-0002　北海道伊達市乾町14-2　Tel：0142-25-5580　Fax：0142-25-6345

†十勝カルメル会修道院／〒089-0574　北海道中川郡幕別町字日新13-59　Tel：0155-56-2541　FAX：0155-55-6007

†東京カルメル会女子修道院／〒182-0017　東京都調布市深大寺元町3-27-1　Tel：042-482-4446　Fax：042-482-5300

†泰阜カルメル会修道院／〒399-1801　長野県下伊那郡泰阜村8713-1　Tel：0260-25-1070　Fax：0260-25-1071　http://www.mis.janis.or.jp/~yasuoka-carmel/

†京都カルメル会修道院／〒603-8481　京都府京都市北区大北山鏡石町1-2　Tel：075-462-6764　Fax：075-467-2592

†西宮カルメル会修道院／〒663-8006　兵庫県西宮市段上町1-8-33　Tel：0798-51-2531　Fax：0798-51-4879

†山口カルメル会修道院／〒753-0302　山口県山口市仁保中郷103　Tel：083-929-0264　Fax：083-929-0268　http://carmelyamaguchi.web.fc2.com

†福岡カルメル会修道院／〒819-0163　福岡県福岡市西区今宿上の原3　Tel：092-807-7361　Fax：092-807-7502

†大分カルメル会修道院／〒879-5514　大分県由布市挟間町七蔵司1199-4　Tel：097-583-3393　Fax：097-583-3393

れ、ひとつの会として誕生した。

時代の流れの中で、ヨーロッパへ移住。新しい風土や文化、さまざまな状況の中で、会則や生活形態を適応させていった。十五世紀半ば、女子の会も組織され、発展していき、十六世紀のスペイン、アビラの聖テレジアによって、緩和されていた会の刷新が行われた。当初の隠遁《いんとん》者たちの純粋な熱心さに立ち返り、祈りをもって全人類のため教会に奉仕することを目的として新しく定められた生活様式は、宇宙、世界に開かれた教皇禁域（観想生活に全面的にささげられた修道院に教皇が与える出入りの禁じられた区域）の中で、イエス・キリストに心から従い、姉妹たちとの家族的交わりを生きながら、孤独と沈黙のうちに絶え間ない祈りをささげることを目指している。

§おもな使徒職

使徒職として「絶え間ない祈り」。

各修道院それぞれ生計の仕事として、ホスチア製造、典礼ろうそく製造、製菓、野菜・果樹栽培ほか。

わたしがあなたがたを愛したように、
互いに愛し合いなさい。
これがわたしの掟である。
友のために自分の命を捨てること、
これ以上に大きな愛はない。

ヨハネ15・12－13

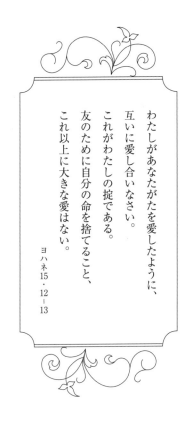

ショファイユの幼きイエズス修道会

§創立の由来・使命と目的

ピュイの幼きイエズス教育会の会員であったレーヌ・アンティエは、一八四六年、数人の姉妹と共にショファイユに派遣され、キリスト教的教育に専念した。彼女の教育に惹《ひ》かれて集まる若い女性たちの養成にも力を注ぎ、次第にブルゴーニュ地方の奥地まで女子学校が開設された。産業革命による織物業の発展の中で、働く女性たちの子どもの保育や病人の世話など、当時の社会の要求にも応えた。オータン教区司教の要望により、ショファイユの共同体を

①創立年　②創立国　③創立者　④日本の本部

①1859年　②フランス　③シスター・レーヌ・アンティエ
④〒665-0062　兵庫県宝塚市仁川高台2-1-37　Tel：0798-52-0174　Fax：0798-57-3252　http://www.osanaki-iezusu.or.jp

ピュイから分離独立させる話が進められ、彼女は苦悩した。しかし、アルスの司祭ジャン・マリー・ヴィアンネーの摂理的な助言に従い、全き信頼のうちにこの決定に従った。こうして一八五九年、ショファイユの幼きイエズス修道会は教会から公認された修道会として正式に誕生した。

人類を愛するあまり、マリアにおいて幼子となられた神の愛を、地の果てまでも伝えたいと熱望していた創立者は、かつて修道院付き司祭であったプティジャン司教の要請に応えて、一八七七年、姉妹たちを日本に派遣した。会員は、苦しむ人々、特に青少年、病人、老人、障がいを持つ人々のいのちへの奉仕とキリスト教的教育をとおしてイエスの愛を証しする使命を生きている。

§おもな使徒職

教育（幼稚園、小・中・高・短期大学）。福祉（保育園、児童養護施設、特別養護老人ホーム、障がい者支援施設、病院・ホスピス）。教会奉仕（カテケージス、日曜学校、聖体奉仕、典礼奉仕、聖書の分かち合い、日本カトリック神学院奉仕など）。海外宣教（フランス、チャド、ドミニカ共和国、カンボジアなど）。

スピノラ修道女会（聖心《みこころ》のはしため会）

§創立の由来・使命と目的

一八八五年、司教であったマルセロ・スピノラは、協力者セリア・メンデスとともに、スペインの寒村コリアおいて、イエスの愛を生き、告げ知らせる、特に貧しい人々のためにささげられた修道女会を創立した。

スピノラは祈りの人であり、使徒的熱意に溢《あふ》れた人であった。会の生命であり、中心であるイエスの聖心の霊性に基づき、また最初の神のはしためである聖マリアに倣い、「主のお言葉どおり

①創立年　②創立国　③創立者　④日本の本部

①1885年　②スペイン　③マルセロ・スピノラ司教とセリア・メンデス　④〒167-0052　東京都杉並区南荻窪1-4-11
Tel：03-3332-7143　Fax：03-5370-6668

になりますように」と清貧、貞潔、従順の誓願を立て、最高の礼拝であるミサを中心に観想と活動の調和を実現するため、一日二時間の黙想を重視している。スピノラは若者こそが社会を築く一員：イエスの愛に生かされた責任感のある人として育成するため、キリスト教教育の実現をこの会に託した。すべての若者に神の知恵を教え、心を育成し、知性の啓発、習慣の改善、社会の変革と真の発展を目指す全人教育、……特に貧しい子どもたちの教育に心を寄せた。

この理念のもとに寒村コリアの貧しい少女たちから始まった使徒事業は、今はスペインの国境を越えて、世界九カ国へと広がっている。日本においては東京に本部を置き、大阪府和泉市、静岡県浜松市で教育事業、教会司牧への参加などをとおして使命を果たしている。

§おもな使徒職

教育事業、教会司牧への協力。

聖ヴィアンネ会（在俗会）

§創立の由来・使命と目的

本会は祈りと犠牲をとおして、人々にキリストの愛を目覚めさせたアルス（フランス）の聖ヴィアンネ司祭の精神にならって、奉献生活を在俗の形で行う会である。

一九六一年より、極寒の地、北海道名寄教会の主任司祭ローター・ポレンバ神父（フランシスコ会会員）の霊的修練を受けた六名の女性有志が、一九六三年六月二日、当時の札幌教区長の冨澤孝彦司教を創立者とし、初誓願を立て、聖

①創立年　②創立国　③創立者　④日本の本部

①1963年　②日本　③冨澤孝彦司教（元札幌教区長）　④〒070-8005　北海道旭川市神楽五条1-1-8　Tel：0166-61-7984　Fax：0166-61-8412

ヴィアンネ会が発足する。以後、旭川、釧路地区の六教会付属幼稚園に会員が派遣され、幼児教育に尽くしてきた。

聖ヴィアンネ司祭の謙遜、清貧、愛徳にならって、自己を修練し、奉献生活をとおして、司祭と協力しながら、幼児とその家族、一般社会の人々、心や体の病んでいる人との対話などをとおして、この世を聖化するために尽くす。

§おもな使徒職

幼児教育、教会学校、祈りの集いの場での奉仕、病人訪問。

聖ヴィンセンシオ・ア・パウロの愛徳姉妹会

§創立の由来・使命と目的

十七世紀の争いが絶えないヨーロッパ、フランスで、貧しい農民たちは常に搾取され、霊的にも世話されることなく、打ち捨てられている現実を前に、聖ヴィンセンシオは、愛は一時的な気持ちだけではなく、愛徳は継続される組織が必要であることを痛感し、王や貴族階級をも巻き込み、権威者も、無学な人も、女性も多くの人々をチャリティに加わらせました。

み摂理によって聖ルイズ・ド・マリヤックと出会い、協働するうちに、実際に貧しい人々の世話をする人々が集まってきて

①創立年　②創立国　③創立者　④日本の本部

①1633年　②フランス　③聖ヴィンセンシオ・ア・パウロと聖ルイズ・ド・マリヤック　④〒655-0046　兵庫県神戸市垂水区舞子台8-20-1　Tel：078-781-3567　Fax：078-785-5695　http://www12.plala.or.jp/dcjprov/

愛徳姉妹会が設立されました。貧しい人々の中にキリストを見、霊肉共なる奉仕を行うことを目的とし、特に〝額の汗と腕の力で〟、謙遜・単純・愛徳をもって仕えることを強調しました。

会の創立三百年に当たる一九三三年、聖心会の院長マザー・マイヤーの要請によってパリ総本部から四人のシスターが派遣され、大阪を中心に日本でのミッションが始まりました、一九五四年にはアメリカから四人のシスターが派遣され、広がっていきました。

今日では全世界に知られている〝不思議のメダイ〟は、一八三〇年、修練女であったシスター・カタリナ・ラブレに聖母が託されたものですが、彼女も貧しい老人たちのために生涯をささげた愛徳の娘の模範でした。

§おもな使徒職

社会福祉関係施設（医療福祉施設、児童養護施設、乳児院、保育園）。外国人支援。幼稚園（モンテッソーリ教育）。人権問題への取り組み。

聖ウルスラ修道会（聖ウルスラ修道会カナダ修族）

§創立の由来・使命と目的

本会は、イタリア・ルネサンスの潮流の中で、神から切り離された人間復興を謳歌《おうか》した十六世紀、北イタリアのブレシアで呱々《ここ》の声をあげた。当時のブレシアは、ペストの蔓延《まんえん》や侵略戦争の戦火による街の破壊、宗教的環境の腐敗、道徳的価値観の低下、異端思想などによる人の心の荒廃も顕著であった。他方、社会階層も厳しく分け隔てられ、女性の地位も低く、軽視されていた社会の中で、アンジェラは、地位や階層の壁

①創立年　②創立国　③創立者　④日本の本部

①1535年　②イタリア　③聖アンジェラ・メリチ　④〒984-0828　宮城県仙台市若林区一本杉町 1-2　Tel：022-286-2355　Fax：022-285-8735　http://www.seiurusurashudokai.org/

を取り除き、徹底的にキリストに従って生きようと望む若い女性たちを差別なく受け入れ、「神によって御子の浄配《じょうはい》という身分の尊厳さに招かれたもの」として、自己の全存在を自発的にイエス・キリストにあけわたして生きる女性たちを育《はぐく》むことを修道会の目的とした。

以来、五世紀を通じ、聖ウルスラ修道会の修道女は創立者の霊性のもとに、キリストの浄配としての契りのうちに生きている。主との浄配的交わりは、深い観想を養い、姉妹たちの心を一つに結ぶ。この姉妹的一致に基づく奉献生活自体が福音的証しとなり社会に新しい息吹をもたらすことを目指している。また、観想の親密さから溢れ出る愛の熱誠に促され、キリスト教的教育や教会、社会の各分野の必要に応える活動をとおして、「教会の娘」として使徒的使命を果たしながら福音を証しすることに専念している。

§おもな使徒職

学校教育・国内四ケ所における教区・小教区の宣教司牧、フィリピン宣教司牧。

聖クララ会

§創立の由来・使命と目的

本会の創立者聖クララは、アッシジの聖フランシスコの「小さな苗木」と自ら呼んでいるように、彼の生き方に影響を受け、この世で貧しく産まれ、生きられたキリストに生活を通して従い、神の内にある神の豊かさを証しするために聖クララ会を創立しました。単純に福音を生き、つつましく祈る小さな者の集まりです。教会と人々と共に、ミサを中心とも頂点ともして、「教会の祈り」や種々の祈り、黙想などで一日

日本の女子修道会・在俗会の紹介

①創立年　②創立国　③創立者　④日本の各修道院住所（各修道院独立）

①1212年　②イタリア　③聖クララ

④†**八王子聖クララ会修道院**／〒193-0802　東京都八王子市犬目町922　Tel：042-654-4401　Fax：042-654-0082
http://www7.ocn.ne.jp/~st-clare/

†**桐生聖クララ会修道院**／〒376-0041　群馬県桐生市川内町3-715　Tel：0277-65-9100　Fax：0277-65-9102

†**上越聖クララ会修道院**／〒943-0837　新潟県上越市南城町1-14-2　Tel/Fax：025-522-2011

†**小郡聖クララ会修道院**／〒838-0141　福岡県小郡市小郡636-12　Tel/Fax：0942-72-0524

が織りなされています。姉妹たちは、イエスとマリアがこの世で貧しく謙遜に生きられた、ただそれだけの理由で、閉域の中で貧しく小さな者として生きます。神である天の父が養ってくださることに信頼して、余分な物は何ひとつ持たない生き方です。

私たちの使命はこのような生き方をとおして「祈る」ことです。「祈ること」、それは「愛」と共に人間にできる最高の行為です。人間を生かしている脳や心臓が外側からは見えないのと同じように、「祈る人」はめったに人々の目には触れません。「目立たないこと」、「隠されていること」、これは聖クララの姉妹たちが神と人々のためにするおささげのひとつです。

聖心会

§創立の由来・使命と目的

聖心会は、フランス革命後の荒廃した社会の中で信仰の再生と教育の必要を痛感した聖マグダレナ・ソフィア・バラによって創立された国際的修道会です。

現在、会は五大陸に広がり、学校教育をはじめ、さまざまな社会使徒職に携わっています。その中には霊的同伴、カウンセリング、苦しむ人びととの連帯など多岐にわたる活動が含まれますが、その目的はイエス・キリストのみ心の愛を伝えることに

①創立年　②創立国　③創立者　④日本の本部

①1800年　②フランス　③聖マグダレナ・ソフィア・バラ
④〒150-0012　東京都渋谷区広尾4-3-1　Tel：03-3400-1890　Fax：03-3499-1253　http://www.sacred-heart.or.jp（日本）　http://www.rscjinternational.org（ローマ本部）

あります。

会員は、分裂に傷つく世界の中で一致をつくり出す女性でありたいと望み、出会う人々、とくに将来をになう青少年が、自らも世界を変えていくような人間となっていくよう、その教育に努力しています。

聖心会の霊性の特徴は、深い祈りの精神、現実の中から神の呼びかけを聴きそれに応えるために、もの惜しみせずに人に尽くそうとする姿勢、イエスのみ心を源とする温かい心、健全な知性、広い視野、教育的感性などです。二世紀をこえて育《はぐく》まれてきたこの精神的遺産を、会員のためだけではなく広く世界のために活《い》かしていくことは、教会により派遣される者としての使命であると確信しています。

§おもな使徒職

教育

聖心侍女修道会

§創立の由来・使命と目的

スペインのコルドバで司教たちは当時、学校を経営する修道会の誘致を考えていたところ、コルドバ近郊に住むラファエラ・マリアとその姉ドロレスの二人が修道生活を志し、どの修道会に導かれているかを祈り求めていることを知った。さまざまな出来事が折り重なり、二人はマドリードに新しい修道会を創立することになり、その後、短い期間のうちにスペイン各地およびイタリア、南米、アジアに創立されていった。

①創立年　②創立国　③創立者　④日本の本部

①1877年　②スペイン　③聖ラファエラ・マリア　④〒141-0022　東京都品川区東五反田3-8-5　Tel：03-3442-9201　Fax：03-3442-2488　http://congregacion-aci.org（総本部）　http://acijapon.sakura.ne.jp（日本管区）

修道会の使命は、キリストの救いの働きへの感謝と愛を、日々の聖体礼拝と福音を伝える教育をとおして遂行している。

§おもな使徒職

日本におけるおもな使徒活動は、「清泉」と名の付く学校教育（小学校から大学まで）を推進し、全人間的教育のプログラムの中に福音の種を蒔《ま》くことであったが、現在は、学校教育は信徒の手に移行しつつあり、より直接的に日本の教会の方針にかかわる司牧活動（難民移住者、滞日外国人支援、被災地支援のなかで特に福島支援）への協力を超修道会レベルで行っている。

会固有の仕事としては、祈りの場の提供、日々の聖体礼拝への招き、また、個々の会員の仕事としては福音を伝えるための集まり、教理の勉強会、地域へのボランティア活動などである。

聖体奉仕会

（聖体の秘跡のうちにましますイエスの聖心の奉仕者の会）

§創立の由来・使命と目的

一九四六年、終戦の翌年、秋田市郊外の丘・湯沢台に菅原すま子が祈りの場所をつくるべく入植し、原野を開拓した。その後、数名の女性が集まり、カトリックが日本の精神風土に根づくことを願いつつ、伊藤庄治郎司教に観想的な修道会設立を願った。以前から聖体にささげる会をつくりたいと望んでいた司教は、第二バチカン公会議の精神にのっとった新しい会の形態を目指し、一九七〇年に新潟教区司教認可「聖体奉仕会」を設立した。

①創立年　②創立国　③創立者　④日本の本部

①1970年　②日本　③伊藤庄治郎司教　④〒010-0822　秋田県秋田市添川字湯沢台１　Tel：018-868-2139　Fax：018-868-4728　http://www.geocities.jp/seitaihoshikai/

一九七五年から七年にわたり、木彫りの聖母像から百一回涙が流れるという出来事が起こり、日本中の信者・未信者を問わず、また海外からもお祈りに訪れる方々が多くなった。（写真参照）

秋田・湯沢台の本部「祈りの巡礼地」（秋田の聖母）を福音宣教の場、人々が神と出会う場、信仰を深める場として守っていくことも会の流れの中で大切な使命と感じている。また社会の中においても、出会う人々をとおして「聖体」のイエスに仕えていくこと。

カトリック教会の中心である「聖体」に現存するイエスへの奉仕を目的とし、「われ渇く」（ヨハネ19・28）と叫ぶ主イエス・キリストの聖心に、生活のあらゆる場面で愛をもってこたえること。

§おもな使徒職

すべての人の上に主イエス・キリストの救いを願い、また特に日本の福音宣教を願いながら、湯沢台の「祈りの巡礼地」（秋田の聖母）を訪れる人々に仕え、また社会の中で神と人々に仕える。

聖ドミニコ女子修道会

§創立の由来・使命と目的

一二一六年、聖ドミニコ（一一七一～一二二一）は、神の真理の擁護、みことばの正確な伝達のため、祈りと勉学と貧しさの中に生き、みことばの説教と人々の救いを目指す「説教者兄弟会（聖ドミニコ会）」を創立しました。すでにドミニコは一二〇六年、神に専心し説教に従事する兄弟たちを祈りと苦行によって支える女子観想修道院をフランスのプレイユに創っていました。観想こそ宣教活動の源泉であると考えたからでした。

ドミニコのカリスマは時の流れに沿ってさまざまの女子会員の共同生活―観想修道院、使徒的修道会および在俗会を生み出し、

①創立年　②創立国　③創立者　④日本の本部

①1959年　②イタリア　③聖ドミニコ　④〒980-0874　宮城県仙台市青葉区角五郎2-2-14　Tel：022-225-6361　Fax：022-225-6362　http://dsrcj.blog.fc2.com/

そのうち一九五六年から五七年にかけて五つの使徒的修道会が統合して「聖ドミニコのローマ女子修道会」が創立され、日本では「聖ドミニコ女子修道会」と称しています。

ドミニコは自分の生きた時代を愛し、その心の声を聞き、〝時のしるし〟を読み取りました。私たちも、〝時の声〟を聞き、それに応えようと努めています。二十一世紀の現代にあって、私たちは「あなたはあなたでよいのですよ」と人々に伝え共に歩みます。そして神の似姿として創《つく》られた私たち一人ひとりに神のみことばが宿り、新しいいのちが生まれていることを告げ知らせます。

§おもな使徒職

1. 学校教育（幼・小・中・高・大学）・青少年の同伴（種々の出会い、黙想会、勉強会をとおして）。
2. 正義と平和（女性問題、環境問題、貧しい人とのかかわり。児童養護施設「仙台天使園」の子どもたちと生活をともにすること、平和教育をとおして）。
3. 教会への積極的参加、協力（少教区での要理教育、聖書講座、初聖体の準備）。

聖ドミニコ宣教修道女会

§創立の由来・使命と目的

本会は、十三世紀に「説教と霊魂の救いのため」に創立された「説教者兄弟会（通称ドミニコ会）」のロザリオの聖母管区の宣教活動に協力していたドミニコ会修道女たちに源を発し、当初より、ロザリオの聖母管区同様、極東（アジア）における宣教を志向してきました。本会は使命を果たすために、聖ドミニコの創始した様式に従い、使徒的生活を学び、心を一つにして共同生活を行い、

①創立年　②創立国　③創立者　④日本の本部

①1887年　②スペイン　③説教者兄弟会（通称ドミニコ会）ロザリオの聖母管区　④〒664-0892　兵庫県伊丹市高台5-28　ロザリオ修道院　Tel：072-784-2548　Fax：072-784-7615　http://www.dominica.jp

福音的勧告の誓願に忠実にとどまり、典礼（ミサ聖祭・聖務日課）の共同祭儀、個人的祈り、真理のための勉学、修道規律（禁域・沈黙・償罪業など）の遵守を大切にし、聖ドミニコの不朽の遺産を継承しています。

会のモットーである「神を観想し、その実を他者に伝えよ」という聖トマス・アクィナスの言葉は、会の精神を要約するものであり、私たちは父聖ドミニコの意図に従い、「自己と隣人の救済の実現を熱望する者」として自己自身の内において、あるいは隣人に対して、神と共に、また神について語るよう心掛けています。

§おもな使徒職

教育関係（大学・短期大学・高等学校・幼稚園）・学生寮

病院・福祉関係（特別養護老人ホーム）・教会奉仕。

聖パウロ女子修道会

§創立の由来・使命と目的

一九一四年第一次世界大戦が勃発したころ、北イタリアのアルバに聖パウロ修道会が誕生した。創立者福者ヤコブ・アルベリオーネ神父は、当時、国家権力の強大化により、政治、経済のシステムの変化、マスメディアの登場などが人間関係、家族のあり方、教会生活に大きな変化を及ぼすなか、すべてをイエス・キリストに結びなおす必要性を強く感じていた。こうして創立されたのが、聖パウロ修道会をはじめとする五つの修道会、四つの在俗会、一つの協力者会からなるパウロ家族である。

①創立年　②創立国　③創立者　④日本の本部

①1915年　②イタリア　③福者ヤコブ・アルベリオーネ神父（聖パウロ修道会会員）　④〒107-0052　東京都港区赤坂8-12-42　Tel：03-3479-3606　Fax：03-3479-3950　http://www.pauline.or.jp

一九一五年六月十五日、男子と同じ使命をもつ聖パウロ女子修道会が創立された。初代総長に任命された尊者シスターテクラ・メルロは、主のみ旨への絶対的な信仰と創立者へのまったき従順を生き、修道会の母として共同創立者と呼ばれる。当時、最も迅速で豊かな実りをもたらすことができると考えられた印刷物を編集・発行し、宣教活動を開始した。その後、メディアの世界は急速な進歩を遂げ、単なる手段ではなく、人間が生きる「場」、「文化」となってきている。したがって、新しく生み出されるコミュニケーション手段をどのように福音のために取り込むことができるか、常に挑戦することが求められている。今日、激しく変化する状況のなかで、人々がキリストに出会う場を作り出し、聖パウロが生きたように、道・真理・いのちである師キリストを全面的に生き、伝えていくこと、これが聖パウロ女子修道会の使命である。

§おもな使徒職

出版、映画、ＤＶＤ、インターネットなど時代の進歩が提供するコミュニケーション・メディアによる福音宣教。

聖フランシスコ病院修道女会

§創立の由来・使命と目的

ドイツ・ミュンスターに近いテルヒテの悲しみの聖母小聖堂への巡礼者の世話をしていたフランシスコ会士クリストフ・ベレンスマイヤー神父は、貧しい病人たちの看護、助けを必要としている人々を歩いて訪問していました。彼は人知れず困っている人々を見つけ自分が施されたわずかな物を彼らと分かち合い、共に祈り、彼らを祝福し、神の愛を証していました。お世話のために、五人の女性に協力を求めました。彼女らは、病人を癒《いや》しながら、各地を巡られたキリストに倣い、

①創立年　②創立国　③創立者　④日本の本部

①1844年　②ドイツ　③クリストフ・ベレンスマイヤー神父（フランシスコ会会員）　④〒670-0801　兵庫県姫路市仁豊野650　Tel：079-265-5150　Fax：079-265-5159　http://www.hsosf.or.jp

ハンセン病や見捨てられた人々を看取ったアシジの聖フランシスコに従って、病人と困難にある人々の世話を自らの使命に選びました。

聖フランシスコと創立者のあとに従って、私たちは今、祈りのうちに時代が必要としている事柄に心を開き、単純と素朴のうちに喜んで奉仕を続けています。生活のあらゆる場で、神がおられることを証し、キリストの癒しの存在をこの世界にもたらして生きたいと願っています。一人ひとりが愛され、大切にされる存在であること、この世のいのちから永遠のいのちへの招きに応えることができるよう、私たちは神の愛に駆り立てられて、支えを行っています。

§おもな使徒職

国際修道会として日本では、医療、介護、同伴等を通しての福音宣教を行っています。長崎の聖フランシスコ病院、姫路聖マリア病院、老人保健施設マリアヴィラ、東京の有料老人ホーム フランシスコヴィラなどにおいて、看護師、薬剤師、パストラルケアや事務職員として霊的、身体的ケアを行っております。また韓国では、教区から依頼された三つの療養病院を訪問し、霊的ケアを行っております。

聖ベネディクト女子修道院

§創立の由来・使命と目的

創立者は五世紀後半、西ローマ帝国が滅亡して間もない、混迷した世界の中に「祈りと労働」をとおして、神に栄光を帰する道を切り開いた。本会の目的は、現代も創立者が生きた時代と同じような、政治的混乱、未来への不確実さが人々の精神を圧迫している社会の中にあって「祈りと働き」によって、ひたすら「神を探し求める」ことにある。そのために、個人的な「聖なる読書（レクチオ・ディ

①創立年　②創立国　③創立者　④日本の本部

①529年（日本創立は1953年）　②イタリア　③聖ベネディクト　④〒050-0071　北海道室蘭市水元町63-14　Tel：0143-47-7525　Fax：0143-47-7526　http://www13.plala.or.jp/beneshu/

ビナ）」と共同体の典礼を大切にし、キリストとの一致を深めるように努める。また、聖ベネディクトが「愛を学ぶ場」として位置付けた共修生活をとおして、姉妹相互の中にキリストの愛を認め、内的自由と平和から生まれる喜びを証しながら、教会に奉仕する。

使徒職については、会の存在意義を特定の仕事や奉仕活動におかず、祈りと共修生活の調和を保ちながら、時代のチャレンジを受け、その地域社会や教会の要求に積極的に応えようと努力している。現在は小教区の司祭、信徒と協力し典礼への奉仕、病人訪問、カテキズム、教会学校での宗教教育などの奉仕に携わっている。

§おもな使徒職

(1)オブレート会（ベネディクト会第三会）会員の養成のための、福音の分かち合い。(2)教会の司祭、信徒と協力して病人訪問、カテキズム。(3)教会学校においての宗教教育、英語教室での奉仕。

聖ベルナルド女子修道会

§創立の由来・使命と目的

私たちは、シトー会員として聖ベネディクトの戒律に従う生活です。神への賛美を中心として一日の生活が成りたっています。隠世修道者として、一日数回の聖務日課の歌隊共唱、修道院規律に添う使徒的活動を行いながら、神への奉仕をささげます。

§おもな使徒職

祈り

①創立年　②創立国　③創立者　④日本の本部

①1827年　②フランス　③シスター・ヒッポリト・ル・クーヴルール、シスター・オンブリンヌ・ル・クーヴルール、シスター・イヤサント・ドゥイスム　④〒413-0232　静岡県伊東市八幡野 1250-1　Tel：0557-51-7023　Fax：0557-51-7023

わたしの魂は主の庭を慕い、
心とからだは活ける神に憧れる

神よ　あなたによって奮い立ち
巡礼を志す人は
枯れた谷を通り　そこを泉にかえ
はじめの雨がそこを祝福でおおう

主よ　あなたの庭で過ごす一日は
よその千日にもまさる。

詩編84（典礼聖歌集より）

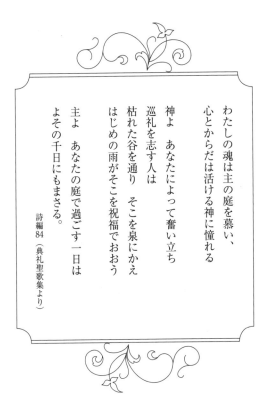

聖母被昇天修道会（SASV）

§創立の由来・使命と目的

本会は十九世紀半ば、カナダのケベック州にある小さな村の司牧を委ねられた当時の教区司祭が、人々のキリスト教的養成には学校が必要であると考えて創立した修道会である。

創立者のジャン・ハーパー神父は神の摂理への信頼と強い使徒的愛に促され、教区の四人の女性と共に、教育活動を使命とする修道会を創設した。会員は創立者から受け継いだ信仰と愛のカリスマを生き、学校、小教区、そ

①創立年　②創立国　③創立者　④日本の本部

①1853年　②カナダ　③ジャン・ハーパー神父　④〒030-0961
青森県青森市浪打 2-6-32　Tel：017-741-0122　Fax：017-741-9887

の他さまざまな場で、父なる神の愛を知らせることに献身している。会は歴史を通じ、常に聖霊の呼びかけに応え、カナダ各地、米国、日本、ブラジル、エクアドルなどに宣教の場を広げていった。

日本には一九三四年に、中央から離れた地を優先する会の姿勢のもとに、青森県に最初のミッショネールが派遣され、その後、埼玉県の浦和に支部が開かれた。

会の名称が示すように、父なる神がキリストをとおして人類を導く最終的完成の姿である被昇天の聖母マリアを保護者とし、「マリアと共に神にすべてを賭《か》け、教育をとおして神の愛を知らせる」ことを会の目標としている。

§おもな使徒職

学校教育、教会内外における信仰教育と司牧活動。

聖母被昇天修道会(RA)

§創立の由来・使命と目的

聖母被昇天修道会（ＲＡ）は、一八三九年聖マリ・ウージェニー・ミルレによりパリで創立されました。フランス革命後の無信仰な社会の申し子であった創立者は、ノートルダムでの回心の後、自分のすべてをささげる熱意と司祭の導きのうちに、数名の仲間と共に被昇天の聖母の名のもとにフェルー街の小さな部屋で修道生活を始めました。この若く貧しい共同体に少しずつ会員が増し加えられ、修道会は今日世界の四

①創立年　②創立国　③創立者　④日本の本部

①1839年　②フランス　③聖マリ・ウージェニー・ミルレ
④〒562-0001　大阪府箕面市箕面3-16-14　Tel：072-723-5675　Fax：072-724-3858　http://www.assumptionsisters.jp/

大陸の三十二カ国に広がっています。

シスターたちは創立者にならい、キリストのみ跡に従って生涯を神の国の到来のためにささげ、熱意をもって使徒職にあたります。日々の聖体祭儀と教会の祈り、念祷・聖体礼拝は、出来事の中に神を見いだし、この世界の中で受肉の秘義を生きていくことを助けてくれます。年齢や国籍の違いを乗り越えて一致のうちに共同生活を送り、共同体から派遣されて使徒職にはげみます。会の伝統として被昇天の聖母の「喜び」があり、シスターたちはこの世の囚《とら》われから喜びをもって離脱し、イエス・キリストとそのみ国の発展にのみまなざしを注ぐのです。

会の当初からの使徒職である教育の分野は、今日の多様化した社会の中でさまざまな形で継承されています。シスターたちはこの世界の一員として喜びと苦しみを共にしながら、人々と共に人々の中で生きることを望んでいます。

§おもな使徒職

教育（学校、青少年活動、信仰教育）、教会奉仕、社会正義のための働き、そのほか必要と要請に応じて。

聖母奉献修道会

§創立の由来・使命と目的

創立者マリー・リヴィエはフランス革命の思想的混乱の時代に、次世代を担う青少年のキリスト教的教育と貧しい人々への奉仕のために同志を集めました。彼女は「一人の魂を治めることは一つの世界を治めることと等しいのです。この広い宇宙も、神の目、信仰の目にとって、一人の魂と比べれば無に等しいものです」と言っています。

一七九六年十一月二十一日、聖マリアの奉献の祝日にスルピ

①創立年　②創立国　③創立者　④日本の本部

①1796年　②フランス　③福者マリー・リヴィエ　④〒670-0801　兵庫県姫路市仁豊野917-7　Tel：079-264-5849　Fax ：079-265-5577　http://www.presentationdemarie-international.org

ス会の司祭の指導を受けて、修道会を創立しました。革命の嵐の中で多くの修道会が壊されていくときに、人間的な知恵に逆らって、神の栄光のために働くことを望みました。

現在十八カ国において、わたしたちは神殿に奉献された聖マリアにならって、主にのみ私たちの真福をゆだねるよう励んでいます。そして福音の中でイエス・キリストを知り、イエス・キリストを生き、全生活を通じてイエス・キリストを示し教えることを使命とし、目的としています。本会は「みことばへの奉仕」に熱意を燃やし、キリストの価値観を若者たちに伝えている使徒的修道会です。現在ベトナムからの召命をいただき、信仰の冒険に乗り出しています。

§おもな使徒職

賢明学院（幼・小・中・高）、賢明女子学院（中・高）、マリア幼稚園（大阪教区立）。大阪教区共同司牧チーム、教会活動、要理担当。

聖母訪問会

§創立の由来・使命と目的

パリ外国宣教会のブルトン神父は一九〇五年来日、函館教区に属して数年後、病を得、治療のためフランスに帰国した。日本での再宣教を決意し、アメリカ経由で、一九一二年十月ロサンゼルスに到着。当時カリフォルニア州には、多くの日本人移民が散在、その人々の窮状に心動かされ、見過ごすことができず、日本人移民への宣教司牧活動を開始した。日本人女性の助け手がほしいと長崎・函館教区に依頼。この呼びかけに応えたのが鹿児島でラゲ師（パリ外国宣教会会員）のもと、「ご訪問の愛苦会」と称し、私的誓願をもって共同生活をしていた四

①創立年　②創立国　③創立者　④日本の本部

①1915年　②アメリカ　③アルベルト・ブルトン神父（パリ外国宣教会会員、後に福岡司教となる）　④〒248-0032　神奈川県鎌倉市津 550　Tel：0467-32-4621　Fax：0467-32-5691

人の女性たちであった。四十六歳の最年長者、松本スエを中心に彼女たちは一九一五年、見知らぬ一司祭の求めに応えて素手で海を渡った。この女性たちが聖母訪問会の前身であり、この出会いを本会の創立としている。のち帰国、一九二六年、東京大森で教会法による正式認可を受ける。

本会の目的・使命は聖母のエリサベト訪問の秘義を深め、「憐れみは代々に限りなく、主を畏れる者に及ぶ」（ルカ1・50）神の国の〈しるし〉〈あかし〉となり、特定の活動、地域に限られることなく、聖霊の促しにより、御子と共に旅立たれたマリアの心で、その〈時〉の必要に応え、存在と奉仕をとおしてキリストの愛を広めることである。（写真は東ティモールでのミッションから）

§おもな使徒職

大きな事業体を手放し、修道生活それ自体の存在と祈りをもって、健やかないのちの営みに機動的に束の力で奉仕。小教区での奉仕（滞日外国籍の人々や被災地を含む弱い立場の人々への支援活動。聖書・祈りなどのグループ活動）。

聖マリア・アンヌンチアータ会（在俗会）

§創立の由来・使命と目的

在俗的奉献生活の会である聖マリア・アンヌンチアータ会は、聖パウロ修道会、聖パウロ女子修道会、師イエズス修道女会などの十の会からなるパウロ家族の一つで、福者ヤコブ・アルベリオーネ神父によって創立されました。マリア・アンヌンチアータとはイタリア語で「お告げのマリア」という意味です。聖マリアはナザレで受けた天使のお告げに「おことばどおり、

①創立年　②創立国　③創立者　④日本の本部

①1958年　②イタリア　③福者ヤコブ・アルベリオーネ神父（聖パウロ修道会会員）　④〒160-0011　東京都新宿区若葉1-5
聖パウロ修道会内　Tel：03-3351-5135　Fax：03-3351-8606
http://www.sanpaolo.or.jp/paul/annunziata/index.html

この身になりますように」(ルカ1・38)と、神のみ心に従いました。また、パウロ家族の保護者である聖パウロは「もはや生きているのはわたしではない。キリストがわたしのうちに生きておられる」(ガラテヤ2・20)と言えるまでに、師キリストとの一致を生きました。彼らにならって、この社会の現実のただ中で神に奉仕する使徒として働くよう、神から呼びかけを受けて生きる女性信徒の在俗的奉献生活者の会が聖マリア・アンヌンチアータ会です。固有の使徒職や修道院を持たず、各自の家庭や職場にあって、聖体とみことばに養われながら、祈りのうちに、「道、真理、いのちである師キリスト」に従って生き、証しすることを使命としています。

§おもな使徒職

決められた使徒職はなく、他のパウロ家族との絆のうちに、摂理に従いそれぞれの職業についています。

聖マリア在俗会

（旧聖母カテキスタ会）

§創立の由来・使命と目的

一九四七年に発布された教皇ピオ十二世の在俗会に関する教令「プロヴィダ・マーテル・エクレジア」を手にした創立者は、これを「時のしるし」と受け止め、社会と教会に必要とされている生き方として、一九五四年名古屋教区長認可のもとに「聖母カテキスタ会」を創立した。その後一九八〇年に福音宣教省の布告により、聖座法による在俗会として正式に承認された。二〇〇六年、正式名

①創立年　②創立国　③創立者　④日本の本部

①1954年　②日本　③ゲオルグ・ゲマインダ神父（神言修道会会員）　④〒466-0835　名古屋市昭和区南山町 6-1　Tel：052-831-6869　Fax：052-831-6907　http://wwwmaria-secular.jp

称を「聖マリア在俗会」と改め、聖省より認可を受けた。

会員は福音的勧告に従う三誓願と使徒職の誓いを生き、信徒として一般的な生活条件のもとで生活し、世の現実の諸価値（社会・経済・文化・教育・宗教）をキリスト者の責任をもって正しく用いながら、すべてに福音の精神を浸透させるよう召されている。

§おもな使徒職

各会員の職業をとおして使徒職を果たす。

聖マリア修道女会

§創立の由来・使命と目的

聖マリア修道女会の創立者聖ジャンヌ・ドゥ・レストナック（一五五六〜一六四〇）はフランス、ボルドーに生まれました。カトリック信仰が危機の時代にあって、彼女は幼いころから、両親の信仰の対立を体験しました。「娘よ、あなたの心にともした灯を消さないように」との主から与えられた言葉によって、希望をもって困難を乗り越えました。父の勧めで結婚し、子どもにも恵まれましたが、宗教戦争の激しい中で突然夫を失いました。

四十七歳の時にシトー会に入会しましたが、病気になり、退会を余儀なくされました。最後の夜、彼女は深い祈りを主にさ

①創立年　②創立国　③創立者　④日本の本部

①1607年　②フランス　③聖ジャンヌ・ドゥ・レストナック
④〒168-0063　東京都杉並区和泉2-41-23　Tel：03-3321-1550　Fax：03-3321-2566　http://www.k5.dion.ne.jp/~maria.a/

さげました。祈りの中で、主がほかの使命を彼女に用意してくださっていることを知り、ボルドーへ戻っていきました。

その後、町にペストがはやり、献身的に働く彼女の元に若い女性たちが集まってきました。当時、女子教育の必要性を感じていたイエズス会の司祭と出会い、女子修道会の創立が具体化され、一六〇七年、聖母マリアのように教会の使命に積極的に参加する使徒的修道会、聖マリア修道女会が誕生しました。

以来四百余年、現在では世界二十三カ国で幼児、青少年教育、家庭教育を中心に現代社会のさまざまな挑戦に応え、福音化の使命を果たそうと奉仕に励んでいます。

§おもな使徒職

教育（学校・幼稚園）、女子寮・教会活動・宣教。

聖マリアの汚れなき御心のフランシスコ姉妹会

§創立の由来・使命と目的

第二次世界大戦で全土が焦土化した沖縄・奄美に、一九四七年九月、カプチン・フランシスコ会の司祭二人が来島し、福音宣教活動が始められた。戦火で荒廃し、人間生活に最も基盤となるべき衣食住の欠乏、精神的よりどころの崩壊ほか、医療施設の不備、教育環境の壊滅・施設の不備、戦争で夫をなくした人の救済の必要性など、早急に対処しなければならない難問が山積していた。

その活動に伴い、司祭や信徒を助けて働く修道女の協力を必要としたが、日本の本土、外国からの派遣が得られず、邦人修道女

①創立年　②創立国　③創立者　④日本の本部

①1954年　②日本　③フェリックス・アルビン・レイ司教
④〒901-1303　沖縄県島尻郡与那原町字与那原 3090-4
Tel：098-945-2354　Fax：098-945-0318

会の設立準備がレイ司教によって始められた。一九五一年、東京の「お告げのフランシスコ姉妹会」に修道女養成を託し、奄美から四名の女子青年が第一陣として送り出され、同年十一月、聖座より設立許可、一九五四年八月、最初の初誓願式が行われ、「聖マリアの汚れなき御心のフランシスコ姉妹会」が正式認可された。

沖縄・奄美から次々志願者が送り出され、レイ司教は沖縄与那原に土地を購入し、本部修道院の建築が始まった。一九五八年七月、姉妹全員が東京から沖縄に帰り、沖縄での宣教活動が開始され、現在に至っている。

§おもな使徒職

本会は、「フランシスカンとして、聖母マリアのようにみことばを心に納めて」をモットーに、兄弟として「単純と喜び」のうちに平和を告げ、すべての人、とりわけ貧しい人、助けを必要としている人々と共に生きることを目的とする。また基地に苦しむ沖縄にあって、市民活動、平和、環境問題に対して関心を深め、教区の娘として、教会と社会のさまざまな必要に積極的に応えて生きることを使命とする。

聖マリアの無原罪教育宣教修道会

§創立の由来・使命と目的

創立者は、十九世紀後半のスペインの社会の片隅で生きる女性の更生のための使徒職に携わった体験から、若い女性が悪の穴に落ちる前に、救いたいという無原罪的な動機から、女性への教育の必要性を直感しました。「この女性たちがふさわしい教育を受けていたら良い仕事もできたでしょう。更生させる必要もなかったでしょう」と考えました。

こうして、本会は一八九二年、無原罪の聖母の祝日に誕生しました。そして、ルルドの聖母と同じ青と白の服をカルメンと

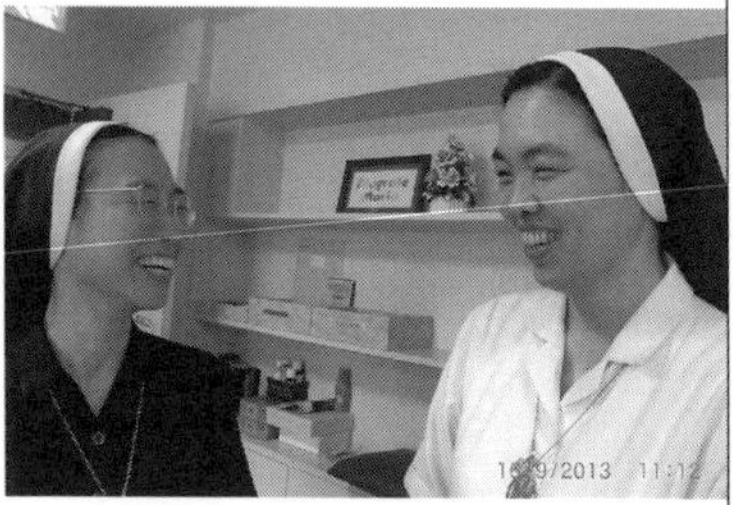

①創立年　②創立国　③創立者　④日本の本部

①1892年　②スペイン　③カルメン・サジェス・イ・バランゲラス　④〒464-0812　愛知県名古屋市千種区園山町 1-56　Tel：052-781-3784　Fax：052-781-3718　http://www.concepcionistas.jp

四人の会員は身に着けました。

主なる神のもと、無原罪のおとめマリアに倣い、人々の救い、特に青少年の教育を目的とする使徒的活動の修道会を創立することによって、その時代の必要に対する創造的な応えを出しました。また、「私の行けなかった所へあなたがたが行きなさい」との創立者の遺言どおり、帰天の翌年からブラジルを初めとする世界十七カ国に会員が派遣されています。神が私たちに与えてくださった子どもたちが正しい道を歩めるように、その心に植えられた善を引き出す教育の使命をいただいています。創立者は、子どもを花、学校を庭園、教師を愛と慎重さを持つ庭師にたとえました。

§おもな使徒職

名古屋の聖マリア幼稚園、岐阜の聖マリア女学院中学校・高等学校、神戸の小さき花の園幼稚園（大阪教区）での教育。

聖ヨゼフ修道会

§創立の由来・使命と目的

十七世紀のフランス社会は、長年の戦争によって荒廃し、貧しい人々の状態は最も悲惨で、階層社会にある差別現象は途方もないものだった。霊的教育はほとんど行き届かず、ヤンセニズムの影響下で、弱い立場にある人々は教会からも放置されていた。

ジャン・ピエール・メダイユ神父は、この社会と教会の崩壊の中で助けを求める多くの人々に出会い、分裂の傷を癒《いや》し、人々と神、そしてお互い同士の和解をはかるために、神の道具

①創立年　②創立国　③創立者　④日本の本部

①1650年　②フランス　③ジャン・ピエール・メダイユ神父（イエズス会会員）　④〒603-8323　京都府京都市北区北野東紅梅町6-2　Tel：075-461-0245　Fax：075-465-5533
http://www.csjoseph.jp/

となるようにという深い内なる促し、ヨハネ福音書の「みなが一つになるように」（17・21参照）というイエスの一致のための祈りに心を突き動かされた。

彼は、「すべての霊的、精神的、肉体的な働きを実践することによって」、この「和解と一致」のためのヴィジョンを推し進めようと、女性の使徒的活動会、「聖ヨゼフ修道会」を創立した。聖ヨセフがイエスとマリアに仕えられたように、愛と誠実さをもって、お互いに、また愛する隣人に仕えるようにという意味が込められている。メダイユ神父の指導下で修道会の基礎を固めた最初の六名のメンバーに倣い、聖ヨゼフ修道会の会員は、社会と教会のあらゆる必要性に応え、イエスの「一致」の使命にあずかるべく働きを続けている。

§おもな使徒職

●肢体不自由児（者）・重症心身障がい児（者）医療・療育施設（聖ヨゼフ医療福祉センター）。●特別養護老人ホーム（南勢カトリック特別養護老人ホーム、ケアハウス、デイサービスセンター、在宅介護支援センター）。●祈り・霊的同伴・教会への奉仕。アソシエートグループの養成。

聖霊会（聖霊奉侍布教修道女会）

§創立の由来・使命と目的

「第一の、そして最大の愛のわざは、福音を宣べ伝えることです」。これは本会の創立者、聖アーノルド・ヤンセンの言葉です。ヤンセン神父は、全世界への福音宣教を目的として男子修道会である神言修道会を創立しましたが、女性でなければ入ることのできない領域、女性としての感性を生かして宣教できる領域で働くために女性の力が必要であるこ

①創立年　②創立国　③創立者　④日本の本部

①1889年　②オランダ　③聖アーノルド・ヤンセン神父（神言修道会会員）　④〒466-0825　愛知県名古屋市昭和区八事本町1　Tel：052-832-0434　Fax：052-832-4910　http://www7b.biglobe.ne.jp/~ssps/

とを早くから感じていました。幼いころから中国の宣教にあこがれ、女子宣教修道会が創立されるのを夢見て神言神学院の台所で働き始めた福者マリア・ヘレナ・シュトレンベルク（マザー　マリア）をはじめ、数人の女性がヤンセン神父のいる神言神学院に集まってきました。のちに共同創立者となったマザー　マリア、マザー　ヨゼファは当時、将来の見通しもまったくないなかで、深い信頼と希望をもって、聖霊会が創立されるのを待って祈り、働きつづけました。「〝宣教修道女、聖霊のはしため〟（聖霊奉侍布教修道女会）」という会の名称にわたしたちの霊性とカリスマが表されています。

現在、聖霊会会員は、呼びかけに応え、遣わされて、生活と活動をとおして、神さまの愛を多くの人に伝えようと励んでいます。貧しくされた人々を慈しまれたイエスのように、正義と平和のために、祈りの中にすべての人を思い起こし、世界五十一カ国に派遣されています。

§おもな使徒職

教会司牧、教育司牧、臨床司牧、青少年司牧、高齢者司牧。

天使の聖母宣教修道女会

§創立の由来・使命と目的

「全世界に行って、すべての造られたものに福音を宣べ伝えなさい」（マルコ16・15）とのイエスの言葉に従って、特に、まだ福音が伝えられていないところでの宣教活動に従事することを目的とする国際的修道会である。そのため、派遣地にあっては、「すべての人に対してすべてのものになりました」（一コリント9・22）をモットーに人々の中で生き、その地の宣教の働き手となる信徒の養

①創立年　②創立国　③創立者　④日本の本部

①1922年　②カナダ　③シスター・フロリナ・ジェルベとチャン　ツィ　クワン　④〒422-8076　静岡県静岡市駿河区八幡4-9-1　Tel：054-285-4956　Fax：054-285-5712
http://missionnaires-mnda.com/

成に心がけ、種々の活動をとおして「宣教する教会」に奉仕することを使命とする。

§おもな使徒職

宣教活動―教会活動への協力、カテケジス、病人司牧、多国籍の人々の支援、司牧など。

社会活動―人権、環境問題、孤独者へのケアーなど。

その他―祈りの集いなど。

ドミニコ会（説教者会　隠世修道女）

§創立の由来・使命と目的

　十二世紀末のヨーロッパは長い戦乱の後、社会も教会も改革を迫られていました。

　一一七一年スペインのカレルエガで誕生したドミニコは、一一九五年司祭となり、南仏スペインの国境近くを旅行中、民衆の多くが異端に惑わされ、正しい信仰から遠ざかっているのを見たのです。言い伝えによると、新しい説教者の使命に目覚めたドミニコが、ある夜ファンジョーの高台で祈っていると、明るい火の玉が夜空を横切って旋回し、プルイ

①創立年　②創立国　③創立者　④日本の各修道院住所（各修道院独立）

①1206年　②フランス　③聖ドミニコ

④✝**ロザリオの聖母修道院**（創立1936年）/〒020-0102 岩手県盛岡市上田字松屋敷2-32　Tel：019-662-3936 Fax：019-662-3854

✝**聖ヨゼフ修道院**（創立1957年）/〒489-0871　愛知県瀬戸市東長根町92　Tel：0561-21-4557　Fax：0561-21-4595

✝**雪の聖母修道院**（創立1969年）/〒969-3302　福島県耶麻郡磐梯町更科源橋道5056　Tel：0242-73-2821 Fax：0242-73-2821

ユの聖マリア教会の上に止まるのを見たということです。しかも三晩続けて同じ現象を見るのです。そこに神のしるしを読み取ったドミニコは、その場所を説教の拠点とします。

一二〇六年、まず改宗した女性たちを集め、祈りと償いをもって説教に参加することを目的とした女性たちの共同体を作ります。やがて「隠世修道女」となるこの集団が、一二一六年に教皇ホノリウス三世の命名と公認によって「説教者会」と呼ばれことになる新しい修道会の揺藍《ようらん》であったのです。

本会では、男子も女子も一つの「説教者会」に属しており、「信徒の会」と「使徒職の女子修道会」も生まれ、共に世紀をとおして世界各国に広がり、宣教の目的を果たすために協力しております。

§おもな使徒職

組織による使徒職は、「説教者会」の男子修道者と「使徒職の女子修道会」の修道女が担い、「隠世修道女」は、もっぱら観想生活によって使徒職に参加します。

信じたことのない方を、どうして呼び求められよう。
聞いたことのない方を、どうして信じられよう。
また、宣べ伝える人がいなければ、
どうして聞くことができよう。
遣わされないで　どうして宣べ伝えることができよう。
「良い知らせを伝える者の足は、なんと美しいことか」
と書いてあるとおりです。

ローマの信徒への手紙10・14－15

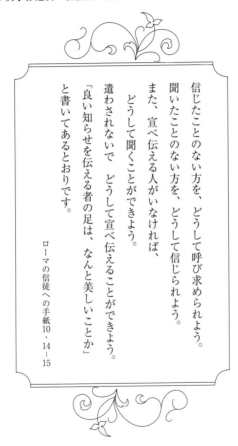

トラピスチヌ（厳律シトー修道会）

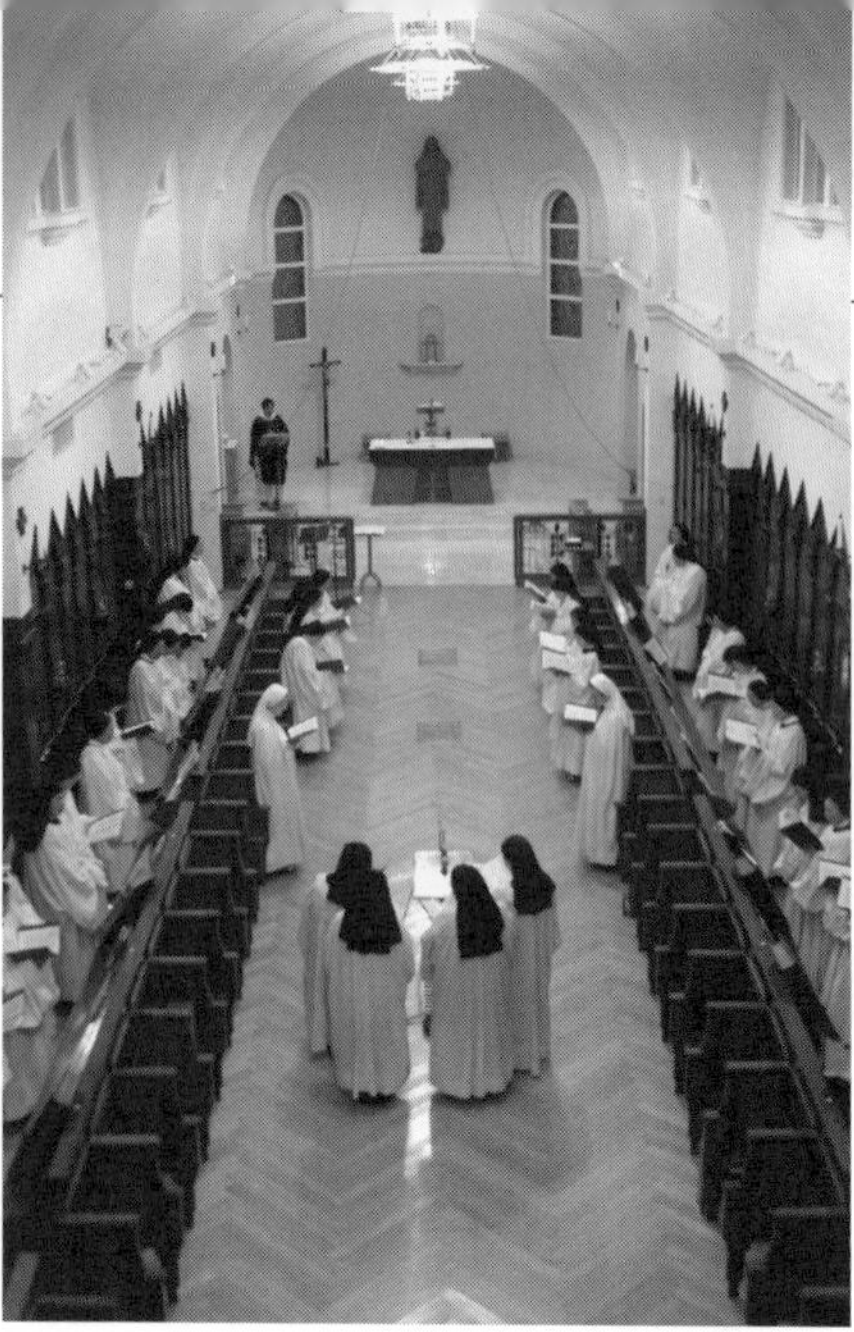

§創立の由来・使命と目的

厳律シトー修道会は、聖ベネディクトの「修道院戒律」に記された生活様式に従って、福音を生きる、全世界に存在する自治の隠世《いんせい》共住修道院から成っています。

ベネディクト会修道者だった創立者たちは、戒律をより忠実に生きることに

①1098年　②フランス　③聖ロベルト、聖アルベリコ、聖ステファノ

④†**天使の聖母トラピスチヌ修道院**／〒042-0914　北海道函館市上湯川346　Tel：0138-57-2839　Fax：0138-57-5371

†**那須の聖母トラピスチン修道院**／〒329-3224　栃木県那須郡那須町大字豊原乙川西3101　Tel：0287-77-1024　Fax：0287-77-0474

†**西宮の聖母トラピスチン修道院**／〒662-0003　兵庫県西宮市鷲林寺町3-46　Tel：0798-71-8111　Fax：0798-71-5234

†**伊万里の聖母トラピスチン修道院**／〒848-0032　佐賀県伊万里市二里町大里甲1-41　Tel：0955-23-8236　Fax：0955-23-8965

†**安心院の聖母トラピスチン修道院**／〒872-0723　大分県宇佐市安心院町萱籠1180　Tel：0978-48-2711　Fax：0978-48-2766

よって、自分たちが約束した誓願に誠実でありたい望みと、「貧しいキリストの貧しい兵士」として、福音を頑《かたく》なまでに生きたい願望を抱いて、シトーの荒れ野に退きました。その生活は、「祈れ、働け」‥自分たちの手で働いて糧を得、神への賛美のほかには沈黙が支配する、愛の学び舎《や》であることを望みました。

　本修道会は、全面的に観想に向けられている隠世共住修道院生活の会であり、

禁域の中で、聖ベネディクトの戒律と修道院長のもとで、神が集められた修友と共に、神を探し求めます。死に至るまで、誓願を宣立した修道院に留《とど》まり、隠棲と沈黙、祈りと労働、レクチオ・ディヴィナによって、神への賛美に自己を奉献し、世の人々との連帯の中で神の愛に留まります。

私たちの使命は、神の国の到来と人類の救いに心し、毎日の観想生活を、忠実に真摯《しんし》に生きることによって、キリストの贖《あがな》いの業《わざ》に与り、教会の使命に参与することです。

イエスは言われた。
「『心を尽くし、精神を尽くし、思いを尽くして、
あなたの神である主を愛しなさい。』
これが最も重要な第一の掟である。
第二も、これと同じように重要である。
『隣人を自分のように愛しなさい。』」

マタイ22・37－39

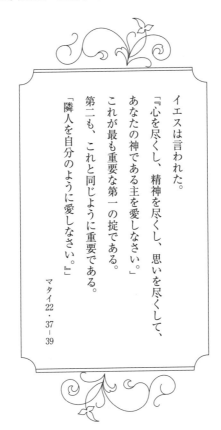

ナミュール・ノートルダム修道女会

§創立の由来・使命と目的

ナミュール・ノートルダム修道女会は、人々、特に恵まれない人々に、神は善い御方であることを伝え、希望と喜びを分かち合うことを使命とする。

この使命は、人々が精神的、物質的な貧しさから解放されて、真に人間らしい生き方を取り戻すことを目指すさまざまな使徒職、おもに教育使徒職をとおして果たされる。会の使徒的活動は創立者の理想に従って、地域社会の境界を越えて、広く世界の必要に

①創立年　②創立国　③創立者　④日本の本部

①1804年　②フランス　③聖ジュリー・ビリヤール　④〒180-0004　東京都武蔵野市吉祥寺本町4-26-21　Tel：0422-52-1180　Fax：0422-52-1741　http://sudden.org

即応できるように、機動性と現実主義とに貫かれている。

特に、多言語・多文化共生社会を迎えた日本社会において、教室の場で、教会の礼拝の場で、地域社会のいろいろの目的の場で、人々と共に主を囲んで、種々の教育活動、啓蒙運動をとおして、あたたかい共同体の交わりを深めることに努めている。

§おもな使徒職

教育（幼・小・中・高・大・院、多言語・多文化の移住者と子どもたち）。

小教区・教区での司牧協力（巡回教会、聖書講座、カテキズム、青少年、教会学校、多言語・多文化の信徒、聖体奉仕、平和行事、正義と平和等諸委員会活動）。

ヌヴェール愛徳修道会

§創立の由来・使命と目的

私たちの創立者は司祭叙階後、サン・ソージュ村で務めを果たしていたが、生活は生ぬるく周りにいた貧しい人々に目を向けることはなかった。しかし、ある司祭の一言に衝撃を受け、痛悔と回心の時をもった後、再び村へ戻って来た。新しいまなざしは貧しい人々に向けられ、罪深い人間に対する神の愛の啓示を受け、この愛を知らせるために村の女性に呼びかけて修道会を創立

①創立年　②創立国　③創立者　④日本の本部

①1680年　②フランス　③ヨハネ・バプティスト・ドゥラヴェンヌ神父　④〒612-0878　京都府京都市伏見区深草田谷町3　Tel：075-642-6279　Fax：075-642-0051

した。「御父のいつくしみ、神の愛を世にあらわす」という使命を果たすため、シスターは派遣され、現在、十二カ国で活動している。

日本には、一九二一年に来日し、使徒職を始めた。今日、私たちは、「愛以外のいかなることにも、決してかかわってはなりません、不幸な人々以外のことに、決して関心をもってはなりません」という創立者のことばを生きるため、貧困と疎外に苦しむ人々のそばに派遣されている。毎日神のみことばを黙想し、共同体で共に祈り、分かち合うことは私たちの生活の源泉である。この泉から水を汲み、人々への奉仕に自らを差し出していくことは、喜びであり同時に挑戦でもある。ルルドで聖母マリアに出会ったベルナデッタは、この喜びと挑戦を生きた私たちの先輩である。

§おもな使徒職

在日外国人、病人、高齢者、ホームレス、障がい者のもとに派遣されている。

ノートルダム教育修道女会

§創立の由来・使命と目的

十九世紀、啓蒙運動とフランス革命に起因する社会の混乱と宗教的事情のため、ドイツの教育環境は極度に悪化した。青少年の教育、特に将来母親となる女子の教育こそが世界を変える重要な鍵と確信したレーゲンスブルグの司祭ウィットマン（後の司教）の指導の下に、ノートルダム参事会経営の学校で学んだ最後の卒業生、キャロライン・ゲルハル

①創立年　②創立国　③創立者　④日本の本部

①1833年　②ドイツ　③福者イエスのマリア・テレジア・ゲルハルディンガー　④〒606-0967　京都府京都市左京区松ヶ崎小竹藪町 21-1　Tel：075-701-8343　Fax：075-701-3349　http://www.ssnd.jp

ディンガーによって、新しくノートルダム教育修道女会が創立された。

会員は教育をとおして全てのものを一つにするというキリストの使命に参与する。会員にとって教育とは、神の似姿に創《つく》られた一人ひとりの可能性を完全に開花させ、その賜物を生かしてこの世界を築き上げるように導くことである。時代の要請に応え、未来を志向する世界的視野をもって、貧しい人々と女性を優先する広義の教育活動を展開してきた。創立後、時を移さずヨーロッパから北アメリカへ、さらに中南米、アジアへと活動の場が広がった。

§おもな使徒職

一九四八年、日本の教会の招きに応じて来日し、学校、教会、その他必要とされる場での奉仕活動を行う。一九八三年にはネパール派遣が始まった。現在、バンディプールでの学校教育使徒職をはじめ、周辺の村人たちを指導して行う保育園教育活動を続けている。

ノートルダム・ド・ヴィ

（いのちの聖母会　在俗会）

§創立の由来・使命と目的

本会は、カルメルの伝統に根ざした在俗会として一九三二年に創立された。男性、女性、司祭の三つの部が、同じ霊性を生きるひとつの会を成している。会員は、この世界の現実の中で、福音に従い、三誓願に基づく神への奉献を生きる。

会員は、各自の適性とその国や社会の必要に応じて、ふさわしい職業につき、その場所でキリストの福音の生きた証し人となるように努める。そのため、カルメル会の伝統を受け継ぐ念

①創立年　②創立国　③創立者　④日本の本部

①1932年　②フランス　③幼きイエスのマリー・エウジェヌ神父（カルメル会会員）　④〒177-0044　東京都練馬区上石神井4-32-35　Tel：03-3594-2247　Fax：03-3594-2254
http://www.ndv-jp.org/

祷（沈黙の祈り）の時間を日々の生活の大切な柱としている。このように福音の「パン種」となって、現代社会を内側から変えてゆくことを目指している（詳しくは、ＨＰの記事「ノートルダム・ド・ヴィについて」をご参照ください）。

§おもな使徒職

在俗会であるため、社会人としてまず自らの職業を誠実に果たすことを、最も基本的な使徒職と考えている。また、「祈りの集い」や黙想会などをとおして人々を神との親しさに招くことを重要な使徒職としている。

パリミッション女子会

§創立の由来・使命と目的

極東アジアの福音宣教のために三百七十年前に創立されたパリ外国宣教会のアルベール・ナソワ神父は、一九〇〇年初頭に、南インドの僻地で福音をのべ伝えていた。彼は僻地で働く協力者をさがしていたが、多くの修道会は、一定の広さと一定の建物と毎日のミサの保証がなければナソワ神父の求めに応じられなかった。そこで、やむなくフランス本国に帰国し、その時のパリ外国宣教会の総会に、僻地の宣教にこたえられる修道会の設立を提案

①創立年　②創立国　③創立者　④日本の本部

①1931年　②フランス　③アルベール・ナソワ神父（パリ外国宣教会会員）とメール・マリ・ドロレス　④〒177-0052 東京都練馬区関町東1-8-9　Tel/Fax：03-3929-8171

し、賛同を得て、パリミッション女子会が創立された（一九三一年）。固定の事業を持たず、派遣された土地、とくに未《いま》だキリストを知らない人々のいる地に、開拓精神をもって、最初に南インドの僻地で働いているパリ外国宣教会の神父のもとに会員は派遣された。

創立以来、パリミッション女子会のシスターは、福音のよき訪れの使者として、また貧しくされた人々の中で共同体を介して、分かち合いの福音の教えに基づいた生活をするよう一九四〇年ごろから派遣された。その後、数年たって、香港、マレーシア、アルゼンチン、マダガスカルに派遣され、一九五二年には日本の神戸に上陸した。

現在では、インドのシスターたちもフランスに派遣されるようになった。

§おもな使徒職

日本では、東京、大阪、神戸で、家庭訪問、病者訪問、司祭不在の教会の手伝いなどをとおして、福音宣教を行っている。

福音史家聖ヨハネ布教修道会

§創立の由来・使命と目的

昭和初期、貧しい人々、特に結核患者が巷《ちまた》にあふれていたころ、青年医師戸塚文卿は、医学研鑽《けんさん》のためヨーロッパに留学中、特別な光を受けて、カトリック司祭として生涯を神にささげることを決意し、一九二四年六月に叙階されて帰国し、品川に結核患者のための「ヨハネ汎愛医院」を開設した。その当時、創立者・岡村ふくの両親は、戸塚師と出会い、積極的に師の援助をするようになり、ふくも戸塚師の医療と宣教活動に真剣に身を投じていった。

①創立年　②創立国　③創立者　④日本の本部

①1944年　②日本　③マザー岡村ふく　④〒184-0005　東京都小金井市桜町 1-2-20　Tel：042-383-8527　Fax：042-383-7492　http://www2.st-john.or.jp

「戸塚師は、結核保養施設として「ナザレト・ハウス」を開設、二年後に千葉の九十九里浜に移転拡張して「海上寮」とした。また、医療活動のほかにも、文筆活動、神学校で教鞭をとるなど寝食を忘れて働き、過労のため、一九三九年八月十七日桜町病院の建設中、その完成を見ずに四十七歳の若さで天に召された。

戸塚師帰天の後、岡村ふくは四十歳で、観想修道会へ行く望みがあったが、土井辰雄大司教より、修道会を創立して桜町病院を続けていくように要請され、修道会を創立した。

修道会の使命は、時のしるしを読み取り、病める人、悩み苦しむ人、弱い立場にある人々に奉仕することをとおして、慈しみ深い神の愛を表し、すでに神の国が始まっていることを証しすることである。

§おもな使徒職

医療（桜町病院、聖ヨハネホスピス）、福祉（特別養護老人ホーム・桜町聖ヨハネホーム、知的障がい者施設・富士聖ヨハネ学園ほか）、地域教会（カトリック小金井教会）での奉仕。

福音の光修道会

§創立の由来・使命と目的

一九二六年、時の教皇ピオ十一世が、全世界の枢機卿、司教にあてて発行された司牧書簡『レールム・エクレジエ』は、日本に日本人の修道女会を誕生させる大きな契機となった。その土地と文化の中で修道生活を生きるようにという勧めによって、本会も日本の地で、日本人によって創立されることとなった。

修道生活を志して、貧しい人や病人の世話をしていた初期のグ

①創立年　②創立国　③創立者　④日本の本部

①1954年　②日本　③ドミニコ・深堀仙右衛門司教　④〒738-0042　広島県廿日市市地御前1895　Tel：0829-39-0239　Fax：0829-39-0435

ループが、女子修道会の創立を望んでいた深堀仙右衛門司教に出会い、司教によって福音の光修道会が創立される運びとなった。

イエスのみこころに対する信心を広め、「すべての人に対してすべてのものになって」(一コリント9・22) 福音を宣教することを目的とする。

すべての人の救いと聖化を望んでいるキリストの渇きに応えるために、社会の不幸な現実に惜しみなく奉仕すると共に、社会が福音の喜びに満たされていくよう献身する。

§おもな使徒職

小教区での奉仕。社会福祉活動(児童養護施設、高齢者ケアハウス、デイサービス、居宅介護支援事業所、アルコール依存症回復施設、作業所)。

ベタニア修道女会

§創立の由来・使命と目的

昭和のはじめ、日本は、結核が国民死因の第一位を占め「国民病」や「亡国病」とも言われるほど猛威を振るっていました。一九二七年、当時、関口教会の主任であったヨゼフ・フロジャク神父は、ふとしたきっかけで東京中野の結核療養所にひとりの青年を見舞い、結核患者の置かれている悲惨な窮状を知ることとなりました。家にも帰れず社会にも見捨てられ、行き場を失った患者のために、神父は、一軒の小さな家を借りて数名の患者を住まわせました。これが「ベタニアの家」の事業の始まりです。

①創立年　②創立国　③創立者　④日本の本部

①1937年　②日本　③ヨゼフ・フロジャク神父（パリ外国宣教会会員）　④〒165-0022　東京都中野区江古田3-15-2
Tel：03-3228-1133　Fax：03-3228-1134　http://www.sistersofbethany.info/

神父の仕事を手伝うために集まっていた若い女性の信者のグループ「ロゼッタ姉妹会」がローマから正式な認可を受け、一九三七年に現在のベタニア修道会となりました。

本会は、創立者がはじめに結核患者を訪問し、病める者のうちにおられるキリストの住まいとして「ベタニアの家」を建てたことを忘れず、その精神を受け継ぎ、病気の人、貧しい人、忘れられている人びとと積極的にかかわり、喜んで迎え、奉仕し、神の慈しみを伝える使命を生きます。

会の目的は、創立者自身が語っている「聖心の慈しみを知ること、そしてこの事業をとおして私たちのまわりにそれを伝えること、生まれさせること」です。

§おもな使徒職

病院・乳児院・保育園・高齢者のホーム・養護施設・学校・幼稚園、教会奉仕、病人訪問など。那須では、美しい自然の恵みを生かした障がい者支援施設、疲れた心と魂の癒《いや》しを求める方々のための祈りの家「聖ヨゼフ山の家」をおもな使徒職活動としています。

ベリス・メルセス宣教修道女会

§創立の由来・使命と目的

イベリア半島では八世紀以降イスラム勢とキリスト教勢の領土争いが続き、優勢であったイスラム勢の捕虜とされたキリスト教徒が続出した。その解放を目指して一二一八年メルセス会は創立された。創立を促したのは「友のために自分の命を捨てること、これ以上に大きな愛はない」というキリストの言葉だった。修道士たちは身代金を集め、足りない時は身代わりとなって捕虜を解放した。

戦いが収まる十五世紀末以降男子メルセス会は新大陸での布

①創立年　②創立国　③創立者　④日本の本部

①1218年、1930年　②スペイン　③聖ペトロ・ノラスコと福者マルガリタ・マリア・ロペス・デ・マトウラナ　④〒166-0003　東京都杉並区高円寺南5-11-35　Tel：03-3311-6146　Fax：03-3311-6217　http://mercedarian.com/

教に向かい、協力者の女性たちは観想生活に入る。十六世紀半ば北スペイン・ベリスで女子メルセス観想修道院が始まる。十九世紀末にこの観想修道院は女子寄宿学校を開いた。

二十世紀初頭、その寄宿学校にピラールという少女が入学し、後にメルセス観想修道院で修道女マルガリタとなる。この観想修道院は彼女を中心に一九三〇年ベリス・メルセス宣教修道女会に変革され、新しい会となった。

会の精神は貧しい人、苦しむ人、悩む人と共に在ったキリストに倣い、現代社会の新たなとらわれのなかで生きる人々の友となり、神の愛を告げ知らせ、解放の道を共に生きることにある。これは十三世紀以来、時代の変化のなかでメルセス会が招かれ続けてきた使命・派遣・宣教と言える。

§おもな使徒職

教育分野、難民や移住者との共働及び支援活動、女性の自立支援活動。

マリアの汚れなき御心修道会

§創立の由来・使命と目的

一九五八年にベトナムのニャチャン教区でポール・マルセル・ビケ司教によって、マリアの汚れなき御心修道会は設立されました。教区に属する活動修道会です。

聖霊の働きによって神の愛に結ばれたマリアの汚れなき御心修道会の会員は、人々にイエスの御心を伝えることを使命とします。

全世界に向かって、地域の文化に密接にかかわり、みことばを伝えることが目的です。

①創立年　②創立国　③創立者　④日本の本部

①1958年　②ベトナム　③マルセル・ビケ司教　④〒901-2111 沖縄県浦添市経塚 1-1-2　Tel/Fax：098-878-5250

現在、ベトナム以外に日本（沖縄）とオーストラリアに支部を開いています。来日は二〇〇四年三月二十五日。沖縄では七名のシスターが奉仕を続けています。

§**おもな使徒職**

幼稚園、教会学校での幼児教育。病人や老人を訪問。教区での奉仕。教会活動の中心的な指導などです。

マリアの宣教者フランシスコ修道会

§創立の由来・使命と目的

創立者マリ・ド・ラ・パシオンは、入会したある修道会から派遣されてインドで宣教していましたが、当時現地で起こった複雑な状況が原因で十九名の姉妹とともに退会した時に、図らずも世界宣教を目的とする国際修道会を創立することになりました。その後フランシスコ会律修第三会に受け入れられ「マリアの宣教者フランシスコ修道会」となりました。

本部をローマに置く国際修道会で、会員は宣教者として神の愛

①創立年　②創立国　③創立者　④日本の本部

①1877年　②インド　③福者マリ・ド・ラ・パシオン
④〒158-0095　東京都世田谷区瀬田4-16-2　Tel：03-3709-6771　Fax：03-3709-6633　http://www.fmm.jp

による救いの福音を告げるために、どこにでもだれの所にでも行く覚悟ですが、キリストがまだ告げられていない人々のもとへ、なかでも最も貧しい人々の所へ優先的に派遣されます。

観想が実り豊かな宣教活動の泉であると悟っていた創立者のカリスマを継ぎ、深い祈りと聖体礼拝を宣教活動の中心におき、福音を生きるための核心となる国際的共同体生活を大切にしています。

§おもな使徒職

特に貧しい人々の所へ優先的に派遣されるというカリスマにしたがって、海外にも日本人会員がアフリカ、南アメリカなどに派遣されています。

日本では、一八九八年の来日以来、病院、診療所、授産所、養護施設、保育園、老人ホーム、学校、幼稚園などの事業を中心に活動してきましたが、第二バチカン公会議後は、小教区の信徒と協働し、地域の人々と共に生き、奉仕する共同体も作られるようになりました。

マリアの御心会（マリアの御心子女会）

§創立の由来・使命と目的

フランス革命下、修道誓願は人間の自由と尊厳を損なうものであるとされ、すべての修道会は禁止された。しかし、修道生活の重要性を確信していたクロリビエール神父は、三誓願による修道生活でありながら、禁域も修道服もなく、どんな状況のもとでも生きることができる、新しい修道会のインスピレーションを受け、アデライドとともに本会を創立した。

①創立年　②創立国　③創立者　④日本の本部

①1790年　②フランス　③ピエール・ド・クロリビエール神父（イエズス会会員）とアデライド・ド・シセ　④〒160-0012 東京都新宿区南元町6-2　Tel：03-3351-0297　Fax：03-3353-8089　http://www.meisen/org/maria　http://www.facebook.com/dhmjpn

本会会員は、イエスの聖心の似姿であるマリアの御心に倣うことによって、聖母のように世のさなかで活動における観想者となる召し出しを生きる。初代教会のキリスト者のように、キリストに深く結ばれながら、外面的なしるしはいっさい持たず、修道者であることを必要によっては知らせずに社会の福音化の「パン種」となる。現在世界三十二カ国で活動している。

「本会の精神は、母マリアに倣って全世界を抱くものでなければなりません。」

（アデライド・ド・シセの言葉）

§おもな使徒職

世界各地で、教会と社会の必要に応じて、さまざまな形の使徒職を行っている。日本においては、福祉施設での勤務（保健師、精神保健福祉士など）、外国人支援（日本語、相談）、祈りの集い、カトリックセンターでの協力、学生会館での若者指導、子育て支援など、会員の可能性に応じて行っている。

マリアの娘エスコラピアス修道女会

§創立の由来・使命と目的

一八〇九年、十歳の誕生日を迎えたばかりのパウラ・モンタルは、父親を失い、「レース編み職人」として働くことを余儀なくされました。当時の風習の中では、パウラの母親と子どもたちには何も財産は残されませんでしたが、一言も不平を洩《も》らすことなく必死に働く母親の姿からパウラは忍耐、謙遜などを学び、神に希望を置くキリスト者として成長しました。

一方、女性が蔑視《べっし》される社会の中での劣悪な職場環境は、パウ

①創立年　②創立国　③創立者　④日本の本部

①1829年　②スペイン　③聖パウラ・モンタル　④〒154-0016　東京都世田谷区弦巻1-3-20　Tel：03-3422-4462　Fax：03-3422-4295

ラに女性の地位の向上を強く意識させ、女子教育の必要性に目覚めさせました。こうして神さまの計らいのもと機が熟し一八二九年、最初の学校が誕生しました。

そうしたなか、貧しさのために教育を受ける機会が剥奪《はくだつ》された子どもたちの教育を使徒職とするエスコラピオス会員と出会い、同じカリスマであることを直感したパウラは、マリアの娘エスコラピアス修道女会として歩み始めることを躊《ちゅう》躇《ちょ》しませんでした。

修道会は世界各地に広がりましたが、教育という第四の誓願を持ち、とくに貧しい子どもたちを優先して教育するという会の特徴的使命は現在も生かされ、六十年前に創立された日本は、フィリピン、インド、ベトナムに会を創立し、今年はそのフィリピンからインドネシアに創立に出かけます。

§おもな使徒職

日本での使徒職は現在、横浜と埼玉にある二つの幼稚園と三重県にある中高のメリノール女子学院、その他教会学校などです。

マリア布教修道女会

§創立の由来・使命と目的

尊者チェレスティーナ・ボッテゴは、アメリカで生まれ、その後家族と共にイタリアに移り、パルマの中学、および高校で英語の教師を務めていた。一九二一年にベネディクト会の第三会員になり、カトリックアクションの会長として熱心に働き、その間、貧しい人たちを治療し、救うために赤十字の看護師の免許を取得している。パルマ市街に出て、貧しい人、学校に通えない子どもたちの世話もしていた。一九三六年には、

①創立年　②創立国　③創立者　④日本の本部

①1945年　②イタリア　③ジャコモ・スパニョーロ神父（ザベリオ会会員）と尊者マードレ・チェレスティーナ・ボッテゴ　④〒594-0061　大阪府和泉市弥生町2-7-2　Tel：0725-43-4335　Fax：0725-43-4335

インドで四十年間、宣教修道女として奉仕している姉を訪ね、そこで宣教活動の実際を見、この体験が後の本会設立のための力強い働きを促す原動力となった。

一方、スパニョーロ神父は一九三四年にザベリオ宣教会の司祭となり、この日を記念して、マリア崇敬の心を示すために、自分がサインするとき、マリアも加えて、ジャコモ・マリア・スパニョーロとするようになる。神父のマリア信奉は終生変わることなく、本会設立に際しても、指導精神の中核にマリアの霊性を位置付けている。神父は、ザベリオ宣教会の創立者が協力しあう女子修道会を設立したいという希望をもっていることを知り、自分の会の神学校でも英語教師をしているチェレスティーナ・ボッテゴの信仰深い人格と実行力に心をとめ、最高の協力者として強い信頼を寄せ、本会の創立にいたった。

§おもな使徒職

幼児教育。小教区との協働（カテケージス・典礼・評議会・病院訪問）。他宗教との対話センター。ブラジル人信徒への奉仕活動。共同体周辺住民との協働。

聖心のウルスラ宣教女修道会

§創立の由来・使命と目的

本会の始まりは、神のみ業の多くがそうであるようにつつましく、簡素なものであった。一五七五年、イタリアのパルマで司教参事会員ジョヴァンニ・ヴァイラ師によって、数名の貧しい、孤児である女児の擁護と教育のために始められた慈善事業であった養護施設は、まもなく町の敬虔な女性たちの手に委ねられた。そしてこの事業は一五七八年、「主に身を奉献し、死に至るまで堅忍する心で」教師として入った

①創立年　②創立国　③創立者　④日本の本部

①1575年　②イタリア　③マードレ・マッダレーナ・モリナリ　④〒815-0032　福岡県福岡市南区塩原4-25-20　Tel：092-512-0033　Fax：092-512-0092　http://www17.ocn.ne.jp/~omsc

二十歳の若い女性マッダレーナ・モリナリのおかげで瞬く間に特別な発展を遂げた。神に身を奉献し、この事業を続けるというモリナリの意志に、まもなく他の協力者も一致し、この事業に新しい特徴を与えた。

この事業が聖女アンジェラ・メリチの創立したウルスラ会と隣接する地域に生まれるのを目にしたファルネーゼ侯爵は、当時、若者たちに対する使徒職の旗印であった聖女ウルスラの名をいただいているにしても、メリチの霊性とは違う固有の特色を持つこの修道会の出現を奨励した。

マッダレーナ・モリナリは、創立初期のイエズス会に対し、深い信頼を有し、またイエズス会士から霊的指導を受けていたので、この事業の精神をイエズス会から汲み取り、本会の霊性とした。

§おもな使徒職

教育〔幼・中・高〕、男子寮、女子寮（生徒のため）、教会奉仕、日曜学校、セコ（ボランティアグループ）ほか。

聖心の聖母会

§創立の由来・使命と目的

十九世紀フランスの風潮（宗教への無関心や厳格主義など）に巻き込まれた人々に対し、「イエスの聖心の信心こそ、この世の虚栄に対する答えだ」と確信し、教区司祭であったジュール神父は「イエスの聖心運動」を始めた。その後、赴任先の小教区で、イエスの聖心にささげられたバシリカを建立。修道会創立と信徒の再福音化に乗り出す。一八七四年に聖心の聖母にささげられた姉妹会を創立。

当時は、教育などに従事していた。やがて教皇の要請を受けて

①創立年　②創立国　③創立者　④日本の本部

①1874年　②フランス　③ジュール・シュヴァリエ神父　④〒462-0847　愛知県名古屋市北区金城1-1-57　Tel：052-981-3221　Fax：052-981-3221

海外宣教に乗り出し、教育・介護・医療・福祉など地域の教会のニーズに応じて、多岐の分野で「イエスの聖心が世界の至るところで愛される」よう奉仕をしている。

§おもな使徒職

日本での活動は、教会の司牧活動への協力や、難民移住移動委員会の一員として、外国人司牧に携わっている。

聖心《みこころ》の布教姉妹会

§創立の由来・使命と目的

本会は、初代新潟教区長の神言修道会会員ヨゼフ・ライネルス師によって、宣教司牧上の理由から伝道その他小教区の手伝いをする邦人修道会として、一九二〇年五月三十日、秋田において創立されました。

本会の目的は①イエスの聖心の愛の宣布、②世の聖化のために各々の賜物を生かす共同体、③謙遜です。私たちは、イエスが十字架上で御血の最後の一滴まで流し尽くし、槍で貫かれた聖心を人間に対する最高の愛として受けとめ、聖心の愛を伝える使徒と

①創立年　②創立国　③創立者　④日本の本部

①1920年　②日本　③初代新潟教区長ヨゼフ・ライネルス師(神言修道会会員)　④〒251-0875　神奈川県藤沢市本藤沢3-4-19　Tel：0466-82-9168　Fax：0466-82-3086

して、社会で苦しんでいる人々に奉仕します。

会の名称にある「姉妹会」は、イエス・キリストの姉妹、一般の人々の姉妹を意味するとともに、小さい者、共に生き働き労苦する者の共同体を表しています。私たちは、「喜んでする奉仕」「キリストと共に十字架に」をモットーに、イエスの聖心の愛を生き、伝えるために、それぞれ置かれた場所で使徒職に励んでいます。

「高貴、信心深くそして優しくあれ！」（創立者の言葉より）

§おもな使徒職

カテキスタ、学校、幼稚園、保育園、児童福祉施設、老人ホームなど。

無原罪聖母宣教女会

§創立の由来・使命と目的

聖霊に対する忠実な応えとして、感謝にあふれ、マリアの生き方に倣って、共通使命を生きる。会員の共通使命は「イエス・キリストにおける救いのよい訪れを知らない人々に、それを知らせる」ことである。

§おもな使徒職

幼児教育（世田谷聖母幼稚園）、教会司牧協力、宗教講座など。

①創立年　②創立国　③創立者　④日本の本部

①1902年　②カナダ　③シスター・デリア・テトロゥ　④〒158-0081　東京都世田谷区深沢8-13-16　Tel：03-3701-3295　Fax：03-3701-3215

無原罪の聖母フランシスコ姉妹会

§創立の由来・使命と目的

本会の会員は、アシジの聖フランシスコの生き方に従って、社会の小さくされた人々の間に生きるフィリピンのシスターである。昼夜、悩みを聞きながら、京都教区全体に散在するフィリピン人を教会の共同体に集めるため努力している。現在は京都と三重県に生活し、地域共同体として共同生活を大切にし、フィリピン人には地元の日本人の小教区共同体に入るように勧めながら、一方ではフィリピン人同士の共同体作りも大切にしている。

§おもな使徒職

滞日フィリピン人の典礼指導、要理の勉強、生活相談など。

①創立年　②創立国　③創立者　④日本の本部

①1844年　②オランダ　③ベルナルディヌス・ヨハネス神父とシスター・マリア・テレジア　④〒604-8855　京都府京都市中京区壬生淵田町 26　Tel/Fax：075-822-8952

メリノール女子修道会

§創立の由来・使命と目的

アメリカ合衆国で、海外宣教を目的とした司祭の宣教会（メリノール宣教会）を創立する運動を援助するために集まった数人の女性たちが、一九一二年に本会を創立した。本会はアメリカ合衆国で初めて創立されたカトリック女子修道会で、ドミニコ会の霊性を基礎に三つの公的誓願を立て、自分の生まれ育った文化を超えた場所での海外宣教を主とし、共同体として生きることを使命としている。

現在では、二十九カ国からのメンバーが、二十五の国または、

①創立年　②創立国　③創立者　④日本の本部

①1912年　②アメリカ合衆国　③シスター・メリー・ジョセフィン・ロジャース　④〒180-0002　東京都武蔵野市吉祥寺東町 2-24-9　Tel：0422-22-4423　Fax：0422-20-0924
http://www.maryknollsisters.org（英語のみ）

地域共同体に派遣されている。

創立百年を二年前に感謝のうちに祝うことができ、これからの修道会は、政治上ひかれた国境線だけでなく、心理的、宗教的、文化的などいろいろな隔たりを乗り越えて、全ての人々、そして被造物とのつながりを大切に、地球共同体全体が、神の愛を具現化できるように、多様性に富んだまことの共同体となることを目指している。

§おもな使徒職

自分に与えられたタレントや、専門職をとおして、派遣された国や、地域共同体の人々と生活を共にし、終生の学び人として、また協力者として、神の愛が具現化されるように働く。使徒職の分野には、次のようなものが挙げられる。医療、教育、ソーシャルワーク、司牧、ジャーナリズム、種々の（代替を含む）治療、正義と平和運動、特に先住民族の人権の擁護、芸術、自然環境保護、コミュニティー開発、諸宗教との対話、祈りの伴侶などである。また心を同じくするいろいろなグループや団体と宣教司牧のパートナーとして協力、相互援助をする。

善きサマリア人修道会

（聖ベネディクトの戒律による
善きサマリア人修道会）

§創立の由来・使命と目的

イギリスから派遣先オーストラリアへ上陸した司教を待っていたのは植民地政策の下で喘《あえ》ぐ労働者、助けを必要とする女性と孤児、白人に追いやられた先住民族でした。ベネディクトの戒律の下で、その人々の隣人として生きる修道者を熱望した司教は、オーストラリアでの最初の修道会を創立しました。修道会名がその目的を表しています。

①創立年　②創立国　③創立者　④日本の本部

①1857年　②オーストラリア　③シドニー初代大司教　ジョン・ビード・ポールディング　④〒630-8113　奈良県奈良市法連町 746　Tel：0742-22-6160　Fax：0742-27-6168

その後、最も必要とされたのは学校教育でした。一九四八年十月十五日、原爆で荒廃した長崎の人々への援助を求めた山口愛次郎大司教の要請に応えて、六名の会員がシドニー港を出港、困難な航海を経て十一月十六日広島の呉港に上陸、直ちに長崎へ向かい日本宣教の第一歩を踏み出しました。傷ついた人々への看護の傍ら若者の教育に携わった後、大司教の要請と必要に応えて佐世保市に聖和女子学院（中・高・幼稚園）を設立し、同時に、奈良では幼稚園、教会・地域活動に携わり、その後東京で大学生寮を開き、一九九〇年にはフィリピン宣教を開始しました。現在日本国内は一カ所ですが、会員は五カ国で「隣人とは？」と各自が問いかけながら、特に周辺に追いやられている人々の隣人となるよう宣教の神学を深め、創造界への感謝と責任を持って地球温暖化へ向きあい献身するよう努めています。

§おもな使徒職

日本では、各自の賜物を生かして教会内外での奉仕、宣教司牧メンバー、正義と平和委員会、ボランティア活動などさまざま。

善き牧者の愛徳聖母修道会

§創立の由来・使命と目的

本修道会は、聖マリア・エウフラジア・ペルチェによって創立された。その起源は聖ヨハネ・ユードによって一六四一年に創立された愛徳聖母修道会である。ユード神父は特に、イエスとマリアの御心の典礼的信心の促進者であるが、一方では、フランス国内の道徳的頽廃《たいはい》によって搾取されていた少女や女性の救いのために避難所を設け、愛徳聖母修道会を創立した。一八一四年、聖マリア・エウフラジアはこの修道会に入会し、ユード神父の救いの業を継続すると同時に、この恵みを全世界に

①創立年　②創立国　③創立者　④日本の本部

①1835年　②フランス　③聖ヨハネ・ユードと聖マリア・エウフラジア・ペルチェ　④〒560-0052　大阪府豊中市春日町3-8-15　Tel：06-6852-4466　Fax：06-6852-4505

もたらすためには、中央集権的統治の必要を知り、幾多の困難の末、一八三五年「善き牧者の愛徳聖母修道会」という別の修道会を創立し、聖座の認可を得た。

本会は、善き牧者イエスと心をひとつにし、慈しみ深い主がなさったように、道を見失い、傷つき、苦しんでいる人々を探し、主の家に呼び戻し、主との和解の喜びを共にするように招かれている。会員は福音的勧告の実践、人々の救いに対する熱誠の誓願を立て、イエスとマリアの御心を崇《あが》め、祈り、姉妹的共同生活の営みのうちに、イエスの癒《いや》しを求めている人々、特に少女や女性のために働く。国連NGOにも参加している。

愛徳聖母修道会と善き牧者の愛徳聖母修道会は、二〇一四年六月二十七日に合併して一つの修道会となった。

§おもな使徒職

養護施設、保育所、幼稚園、女子寮、滞日外国人のケア、DV被害者の保護などでの奉仕。

礼拝会（聖体と愛徳のはしため礼拝修道女会）

§創立の由来・使命と目的

創立の起源には、神が計画された三つの出来事があります。十九世紀のスペインの貴族社会には博愛事業の考え方がありました。その社会に生きていたミカエラが友人とある病院を訪問したとき、性的搾取にあい、心身ともに悲哀のどん底にいる少女に出会い、そのような女性がこの世にいることに大きなショックを受けたのです。その後、しばらくたってミカエラにインスピレーションが生まれました。

①創立年　②創立国　③創立者　④日本の本部

①1856年　②スペイン　③聖マリア・ミカエラ　④〒157-0067　東京都世田谷区喜多見9-7-10　Tel：03-5761-1899　Fax：03-3489-9097　http://www.adoratrices.com

「彼女たちを引き取り、新しい生活ができるように支援する家を持ちたい」。数年後、「パリで聖霊降臨のミサ中、神がどんなに偉大で、善そのもの、愛深い方かを悟り、彼女の心を満たす唯一の主だけに仕えたい決心をしました」と、彼女自身が表現しているように、深い神体験の恵みがありました。そして、その二年後、祈りの中で「わたしの事業にあなたがほしい」という神の呼びかけを受けます。これら三つの出来事は、幾多の困難を乗り越えて神の事業を果たしていく原動力となりました。傷ついた女性たちに癒しをもたらすのは神の業であることを体験したミカエラは、この事業の中心に聖体の継続礼拝をおきました。

無理解と中傷のなかを聖体に祈りながら、女性たちに対する思いやりと真実の愛をもって「ただ、一人でも救うことができれば」という思いで、修道会創立に至りました。本会の目的は聖体の礼拝と疎外され、搾取されている女性たちの解放であり、現在、世界二十三の国々でこの使命が受け継がれています。

§おもな使徒職

暴力や性的搾取などで困難な状況にある女性の受け入れと自立への援助。

レデンプトール宣教修道女会

§創立の由来・使命と目的

レデンプトール宣教修道女会の創立は、第二次世界大戦後のドイツの社会的または教会的な環境に位置づけられる。この戦争は深い傷跡を残したにもかかわらず、それはあきらめではなく、大胆に新しい出発に向かわせた。

司牧の新しい出発の重点の一つは、女性の参与ということだった。一九五〇年代、ミュンヘン管区のレデンプトール会は、日本での宣教の場を受け持ったことによって、修道女会と共に宣教活

①創立年　②創立国　③創立者　④日本の本部

①1957年　②ドイツ　③ヨハネス・マイヤー神父　④〒890-0081　鹿児島県鹿児島市唐湊2-10-2　Tel：099-253-6658　Fax：099-253-6651

動したいという望みが強くなり、新しい会の創立に至った。一九五七年に南ドイツのガルスで五人の女性が修練を始めた。会の目的はドイツと外国での宣教活動だった。南ドイツでいくつかの支部を設立後、一九六五年に姉妹たちは決断して日本へ渡った。その後ボリビア、チリ、オーストリアとウクライナでも活動が広がった。現在、会には六つの国籍をもつ、百十余名の姉妹がいる。

本会は、レデンプトール・ファミリーの一つなので、レデンプトール会の創立者聖アルフォンソの精神に従う。それはイエス・キリストの救いの神秘がその中心となっている。私たちは、救いを基本とした誓願と共同生活による修道生活をしている。司牧と社会奉仕活動などによって、人々に救いを伝えていくことが本会の目的である。

§おもな使徒職

教会カテキスタ、社会福祉分野での諸活動（児童養護施設、有料老人ホームなどでの奉仕）。

レデンプトリスチン修道会（厳律・至聖贖罪主女子修道会）

§創立の由来・使命と目的

本会は尊者マリア・セレスタ・クロスタローザ修道女の受けた霊感に基づき、贖《あがな》い主キリストの生きた記念となるように、主の過ぎ越しの神秘の観想を中心にした生活を送る女子修道会である。

イエスが地上の生活の間になされた全てのことの不断の追憶―生きた記念になるよう招かれ、こうして、贖い主は今日、私たちにおいて、私たちをとおして、救いのみわざを続けておられる。

①1731年　②イタリア　③尊者マリア・セレスタ・クロスタローザ

④†鎌倉修道院／〒248-0006　神奈川県鎌倉市小町3-10-6
Tel：0467-22-3020　Fax：0467-22-3024
†茅野修道院／〒391-0213　長野県茅野豊平3453
Tel：0266-77-2229　Fax：0266-77-2220
†長崎修道院／〒850-0804　長崎県長崎市彦見町1-3
Tel：095-822-4851　Fax：095-822-4859
†西都修道院／〒881-0003　宮崎県西都市大口川シオンの丘　Tel/Fax：0983-43-0864

キリストの秘儀を観想するとき、私たちのうちに、明るく、溢《あふ》れるような喜びと優れた単純さと、まことの愛が生まれる。これらは私たちの共同体の特徴である。

キリストのうちに隠れ、世間の目には、ほとんど見えないが、私たちの礼拝、賛美、代願の生活は、全く、使徒的かつ宣教的であり、福音宣教に献身している人々を支えている。

§おもな使徒職

礼拝、賛美、代願の祈り、聖務日課の共唱による教会への奉仕。

シスターたちの連帯による働き

日本女子修道会総長管区長会の活動について

日本における七十六の奉献・使徒的生活の会によって組織されている「日本女子修道会総長管区長会」では、教会の教導にそって、その時代の世界と日本の社会の必要にこたえ、奉仕を続けているいくつかの働きがあります。ともに祈り、学び、力を結集した、ここ三年ほどの歩みをご紹介します。

1．シスターズリレー

東日本大震災仙台教区復興支援「シスターズリレー」
期間：二〇一一年四月一日～二〇一二年三月三十一日
内容：全国に広がる修道会から派遣された修道女二名～四名が一グループとなり、連帯してリレー式に、サポートセンター、釜石、塩釜、石巻、米川の各ボランティアベースへ会員を送り、支援を行いました。おもに厨房で食事を供する仕事に携わることによってボランティアの方々の「母親」的役割に従事して、ボランティアを裏方で支えることに終始しました。

2．シスターズリレー　二〇一二

「祈りで紡ごう　連帯の輪」

期間：二〇一二年七月二十九日〜二〇一三年五月三十日

内容：修道会相互の連帯をとおして、東日本大震災被災地の早期復興と被災された方々との絆を深めることを目的として、総長管区長会に加盟している修道会が、祈りのリレーによって連帯の輪を紡ぎました。南と北から同時スタートしたリレーは、それぞれの修道会が一〜二週間担当して、最後に仙台の修道会に祈りのバトンを渡してゴールという形をとりました。

3．シスターズリレー　第三弾

いのちを優先する社会をめざして―苦しむ人びとの声を聴き連帯する―

期間：二〇一四年七月～二〇一五年五月
内容：現代日本の現実を福音的視点から見るとき、私たちは次の四つの課題に応えるよう呼びかけられています。沖縄、脱原発、憲法九条、家庭の危機。そこで、七十六の修道会はグループに分かれて、土曜日を高江の人々のために祈りと断食の日とさだめ、沖縄の方々の痛みに連帯しています。

4．**総長管区長会の研修会・勉強会チームは「全国修道女研修会」を毎年開催しています。**

会場は、札幌、仙台、東京、大阪、福岡の五カ所です。

●二〇一二年度
　講　師：林尚志師（イエズス会会員）
　テーマ：「3・11」と向き合う私たちの修道生活はどのように変わりつつあるか？
　　―切り裂かれるいのちの中で繋がる生き方の徹底・奉献生活者―

●二〇一三年度

講　師：溝部脩司教（サレジオ会会員）

テーマ：「信仰年」を生きる

—ユスト高山右近、その生き方・信仰・識別—

●二〇一四年度

講　師：西　経一師（神言修道会会員）

テーマ：現代の若者たちと福音宣教

5. 総長管区長会　JPICチームの活動

趣旨：いのちが脅かされる現代社会において、奉献生活者として、今私たちにできることを探求し、できることから支援・連帯し、生き方を行動に移していくことを目指しています。

①沖縄での体験学習

②山形県長井市のレインボープランの体験学習

③「福島・いのちの旅」の企画と体験学習

＊インデックスでの修道会と在俗会の名称は通称を使い、本文では通称名とかっこ内に正式名を記しています。

＊観想修道会は、同じ使命・由来をもちながら何カ所かにあります。それぞれの修道院は独立していますので、同名の修道会の紹介の中に、各修道院の所在地を明記しました。

＊観想修道会の多くの修道院では、生計のためにクッキーなどの製菓や果物のジャム作り、典礼のためのローソクやホスチア作り、また小物作りなどをしています。お祈りのこもったこれらは大好評です！　贈答用、家庭用にぜひお使いください。本書ではお伝えできませんでしたが、次の本に写真入りで詳しく出ています。『修道院のお菓子と手仕事』（柊こずえ・早川茉莉著、やまと書房）

＊聖書の引用は、日本聖書協会発行の『聖書　新共同訳』を使用させていただきました。

ベリス・メルセス宣教修道女会 ―――― 322

マ マリアの汚れなき御心修道会 ―――― 324
マリアの宣教者フランシスコ会 ―――― 326
マリアの御心会 ―――― 328
マリアの娘エスコラピアス修道女会 ―――― 330
マリア布教修道女会 ―――― 332
聖心のウルスラ宣教女修道会 ―――― 334
聖心の聖母会 ―――― 336
聖心《みこころ》の布教姉妹会 ―――― 338
無原罪聖母宣教女会 ―――― 340
無原罪の聖母フランシスコ姉妹会 ―――― 341
メリノール女子修道会 ―――― 342

ヤ 善きサマリア人修道会 ―――― 344
善き牧者の愛徳聖母修道会 ―――― 346

ラ 礼拝会 ―――― 348
レデンプトール宣教修道女会 ―――― 350
レデンプトリスチン修道会 ―――― 352

聖母訪問会 —— 280
聖マリア・アヌンツィアータ会（在俗会） —— 282
聖マリア在俗会 —— 284
聖マリア修道女会 —— 286
聖マリアの汚れなき御心のフランシスコ姉妹会 - 288
聖マリアの無原罪教育宣教修道会 —— 290
聖ヨゼフ修道会 —— 292
聖霊会 —— 294

タ 天使の聖母宣教修道女会 —— 296
ドミニコ会 —— 298
トラピスチヌ —— 302

ナ ナミュール・ノートルダム修道女会 —— 306
ヌヴェール愛徳修道会 —— 308
ノートルダム教育修道女会 —— 310
ノートルダム・ド・ヴィ（在俗会） —— 312

ハ パリミッション女子会 —— 314
福音史家聖ヨハネ布教修道会 —— 316
福音の光修道会 —— 318
ベタニア修道女会 —— 320

守護の天使の姉妹修道会 ―― 234
殉教者聖ゲオルギオのフランシスコ修道会 ―― 236
純心聖母会 ―― 238
女子跣足カルメル修道会 ―― 240
ショファイユの幼きイエズス修道会 ―― 244
スピノラ修道女会 ―― 246
聖ヴィアンネ会（在俗会） ―― 248
聖ヴィンセンシオ・ア・パウロの愛徳姉妹会 ― 250
聖ウルスラ修道会 ―― 252
聖クララ会 ―― 254
聖心会 ―― 256
聖心侍女修道会 ―― 258
聖体奉仕会 ―― 260
聖ドミニコ女子修道会 ―― 262
聖ドミニコ宣教修道女会 ―― 264
聖パウロ女子修道会 ―― 266
聖フランシスコ病院修道女会 ―― 268
聖ベネディクト女子修道院 ―― 270
聖ベルナルド女子修道会 ―― 272
聖母被昇天修道会（S.A.S.V.） ―― 274
聖母被昇天修道会（R.A.） ―― 276
聖母奉献修道会 ―― 278

カ カトリック愛苦会（在俗会） ―― 192
カノッサ修道女会 ―― 194
神の愛の宣教者会 ―― 196
神の御摂理修道女会 ―― 198
カルメル宣教修道女会 ―― 200
カロンデレットの聖ヨゼフ修道会 ―― 202
韓国殉教福者修道女会 ―― 204
キリスト・イエズスの宣教会 ―― 206
クリスト・ロア宣教修道女会 ―― 208
けがれなき聖母の騎士フランシスコ修道女会 - 210
汚れなきマリア修道会 ―― 212
汚れなきマリアのクラレチアン宣教修道女会 - 214
ケベック・カリタス修道女会 ―― 216
御受難修道女会 ―― 218
御聖体の宣教クララ修道会 ―― 220
コングレガシオン・ド・ノートルダム修道会 - 222

サ サレジアン・シスターズ ―― 224
三位一体の聖体宣教女会 ―― 226
師イエズス修道女会 ―― 228
シャルトル聖パウロ修道女会 ―― 230
十字架のイエス・ベネディクト修道会 ―― 232

日本の女子修道会・在俗会のインデックス

ア

愛徳カルメル修道会 —— 150
愛の十字架修道会 —— 152
アシジの聖フランシスコ宣教修道女会 —— 154
アトンメントのフランシスコ女子修道会 —— 156
イエズス孝女会 —— 158
イエズス聖心侍女会 —— 160
イエスのカリタス修道女会 —— 162
イエスの小さい姉妹の友愛会 —— 164
いつくしみの聖母会（在俗会） —— 166
援助在俗会 —— 168
援助修道会 —— 170
援助マリア修道会 —— 172
王たるキリストの在俗布教会 —— 174
大阪聖ヨゼフ宣教修道女会 —— 176
幼きイエス会（ニコラ・バレ） —— 178
幼き聖マリア修道会 —— 180
オタワ愛徳修道女会 —— 182
お告げのフランシスコ姉妹会 —— 184
お告げのマリア修道会 —— 186
オブレート・ノートルダム修道女会 —— 188
聖《おん》血《ち》礼拝《れいはい》修道会《しゅうどうかい》 —— 190

「楽しいですねえ」と、満面の笑顔で話しておられるであろう、たぶん高齢のシスターの声を聞いて、「ああ、シスターってやはり、喜びがいつもあるのだ」としっかり確認しました。この本を進めるなかで、たくさんの会のシスターや先生方と電話でお話しする機会がありました。そんなある日の出来事です。

本書の第Ⅰ部では、修道生活全般について、知識と体験が豊かで、世界に広く開かれた活動を続けているシスター林義子にわかりやすく説明をしていただき、第Ⅱ部では、まさにその説明の具体的な生き方が見えるかのような、百の奉献生活をしている修道会と在俗会をご紹介することができました。

各会のご協力とお祈りに心からお礼を申しあげます。

編集部

林　義子（はやし　よしこ）

山梨県生まれ。援助修道会会員。上智大学文学部哲学科大学院修士課程修了。1970年、「いのちの電話」創立とともに事務局員として勤務、おもにボランティアの養成にかかわる。1991年から2002年、所属する修道会の本部に勤務するため、パリを中心に諸外国の使徒的修道生活をする会員と現地での宣教を視察。2003年から2010年１月まで援助修道会の日本管区責任者。現在は、聖書研究グループ担当、ボランティア活動の人々のための人間理解の研修グループを担当。
訳書『シスター—使徒的修道生活は今……』（新世社）、共訳書『カウンセリング入門—支援する心と技術』（春秋社）ほか。

ブックデザイン｜森　木の実
イラスト｜矢野滋子

シスターたち——その歴史と今と未来に向かって

著　　者　林　義子
発 行 所　女子パウロ会
代 表 者　松岡陽子
〒107-0052　東京都港区赤坂 8-12-42
Tel. (03) 3479-3943　Fax. (03) 3479-3944
webサイト　http://www.pauline.or.jp
印 刷 所　工友会印刷所
初版発行　2015年１月15日

ISBN978-4-7896-0750-6 C0116 NDC198